凤凰师轩
FENGHUANG SHIXUAN
行知工程
教育新思考系列

语文教育向何处去

王丛 著

江苏凤凰教育出版社
Phoenix Education Publishing, Ltd

图书在版编目（CIP）数据

语文教育向何处去/王丛著．—南京：江苏凤凰教育出版社，2015.3

ISBN 978-7-5499-2317-5

Ⅰ.①语… Ⅱ.①王… Ⅲ.①语文课—教学研究—中小学—文集 Ⅳ.①G633.302-53

中国版本图书馆 CIP 数据核字（2014）第 301601 号

书　　名	语文教育向何处去
作　　者	王　丛
责任编辑	午新生　雷利军　李媛媛
出版发行	凤凰出版传媒股份有限公司 江苏凤凰教育出版社（南京市湖南路 1 号 A 楼　邮编 210009）
苏教网址	http：//www.1088.com.cn
照　　排	润星之源文化有限公司
印　　刷	三河市华润印刷有限公司
厂　　址	河北省三河市杨庄镇杨庄村
开　　本	787 毫米×1092 毫米　1/16
印　　张	10.75
字　　数	149 千字
版　　次	2015 年 3 月第 1 版　2015 年 3 月第 1 次印刷
书　　号	ISBN 978-7-5499-2317-5
定　　价	26.00 元
网店地址	http：//jsfhjycbs.tmall.com
邮购电话	025-85406265，85400774　短信　02585420909
E - mail	jsep@vip.163.com
盗版举报	025-83658579

苏教版图书若有印装错误可向承印厂调换

提供盗版线索者给予重奖

总 序

癸巳年夏，行走内蒙古草原，得以结识《内蒙古教育》主编孙志毅老师。我见到的孙老师，是学问中人，也是性情中人，满腹诗书，一身清爽。我喜欢听他谈古说今，描摹当地掌故名物，而逢应酬的场合，他却如局外人一般，淡漠无言，我更心生欢喜。现在，他牵头编辑“教育新思考系列”丛书，收六位作者的教育随笔和教研手记，嘱我作序，我欣然命笔。我素来由人判断事的价值，相信“纯粹之人必做纯粹之事”。六位作者皆是内蒙古基础教育领域的精英，从书名就可以看出他们“行走”的足迹，可以一睹他们长途跋涉的风姿——王丛老师三十年苦苦寻觅，回望百年来语文教育走过的路程，倡导从先人那里获得智慧；韩中凌老师的“批注式阅读”，同样承继了“不动笔墨不读书”的古训，让我想起脂砚斋、金圣叹、张竹坡；曹龙老师的语文教育理念显然脱胎于叶圣陶先生，但他在实践中摸索出的操作方法值得称道；而丛智芳老师从小处入手谈语文教育之宏旨和马建秀老师“跳出数学教数学”的跨学科思维同样给我们深刻的教育启迪。

在他们的这趟教育之旅中，我很乐意做一个随行者，说一点外行的想法。

基础教育是学校教育的重要阶段，我认为也是最艰难的一个阶段。怀特海在论述智力发展阶段时指出：小学和大学都以自由为主导，唯有在中学阶段，纪律是主导，自由必须从属于纪律。按照我的理解，自由是顺应兴趣，而纪律是服从必须。在小学阶段，智力教育的重点是激发和培育一般的求知兴趣，在大学阶段，则是根据业已明确的兴趣方向自主地学习。中学阶段的情况却大不相同，不管是否感兴趣，学生必须学习大量基础知识和技能。因此，中学生是最辛苦的，中学老师也是最难当的。当然，没有兴趣的学习是低效率的，而困难正在于如何引导学生对必须学的知识产生兴趣，使纪律成为自由选择的结果。事实上，即使在学习基础知识的过程中，有三个因素也是具有超越知识本身的价值的，那便是：

1. 通过文史哲课程的学习受到人文熏陶，使之拥有丰富的心灵和高贵的情怀；

2. 通过数理化课程的学习得到思维训练，培养智力活动的兴趣和习惯；

3. 通过全部课程的综合，了解人类知识的概貌，犹如在胸中画一张文化地图，为确定个人兴趣方向和今后专业选择提供依据。

在我看来，这三者是比知识更重要的目标，而如果它们在教学中得到充分的体现，就能够大大提高学生学习知识的兴趣和效率。

无论是教中小学还是大学，教师都应该具备优良的精神素质。他自身是一个热爱智力生活、对知识充满兴趣的人，才能够在学生心中点燃同样的求知热情。他自身是一个人性丰满、心灵丰富的人，才能够用贴近人性、启迪心灵的方式去教学生。除此之外，鉴于基础教育的特点，对中学教师还有特殊的要求。

其一，基础课程横跨文理，科目多，知识量大。因此，中学教师特别要讲究教学艺术，寻求效率的最大化。对于所任的课程，他要善于精选学生必须精确而牢固地掌握的关键内容，把这些内容真正讲透，因而不必勉强学生去熟记许多次要的东西。这样的教学既能节省学生的精力，又容易引发学生的兴趣。当然，要取得这样的效果不能单凭方法，教师自己必须相当精通所任的课程，对基本原理能够融会贯通，举一反三。

其二，中学教育实质上是通识教育。因此，中学教师应该是一个通识之才，一个某种程度上的“杂家”，有广阔的知识面，这样才能够触类旁通，把所任的课程教得生动活泼，趣味十足。学生的天赋类型是有差别的，未必都对你所教的这门课程有兴趣，但是一个好的教师可以做到两点，一是使天赋类型适合的学生产生浓厚的兴趣，二是使天赋类型未必适合的学生产生一般的兴趣。

说了上面这些外行的想法之后，我愈发相信我的这个判断了：中小学老师是最难当的，小学尤其如此。因此，我要向本丛书的六位作者、也向全国基础教育领域的每一位优秀教师表示我深深的敬意。

周国平

2014 年 6 月 11 日

目录

CONTENTS

从语言的性质看语文教学

多年前，吕叔湘曾在《当前语文教学中两个迫切问题》中尖锐地指出，我们的语文教学是少、慢、差、费，用那么长的时间学习母语，居然不过关，是咄咄怪事。

这种状况是可悲的。但更可悲的是，多年以来，这种状况一直在持续着。

我们常常拿鲁迅笔下的孔乙己做例子来批判旧的教育制度和教学方法，说那时候培养出来的学生是如何迂腐，如何半通不通。然而，现在学生的语文水平仍然让我们乐观不起来。不要说小学生，也不必说初中生，就是高中生，连一封家信都写不通顺的仍然比比皆是。其实，同现在的某些中学生比起来，孔乙己还是不错的，他毕竟还写得一手好字，在酒店中引用古文虽有不问对象之嫌，但如撇开听众，就事论事，他的引用还是恰当的。现在不要说像孔乙己这样的，就是不如孔乙己的，也大有人在。

当然，如果只把语文水平低下的“帽子”扣到学生头上似乎有失公允。我们再把目光转向教师，看看他们如何。在一所学校中，教师的语文素养真正过关的又有多少？恐怕也不容乐观。每年评职、评模时，有些教师写论文、写材料都需要请人捉刀。而这些人中，有不少具有中等学历或高等学历，甚至还有一些是语文教师。在这样的条件下，欲求学生语文水平的提高，岂非痴人说梦？

语文，这门基础学科，竟然成了一个黑洞，吸尽了教师和学生的精力，却不肯放出其应有的光和热。语文，这门最丰富、最生动的学科，竟然成了一只老虎，使教师和学生谈之色变：教的不愿教，说是不好教，太累；学的不愿学，说是不好学，没意思。这真是语文教师的悲哀、语文学科的悲哀。

我认为，这种现象的产生不是偶然的，它是我们对语文学科的性质、目的，语文教学的成败标准等问题认识不清，在一定程度上背离了语文教学的基本规律造成的。

语文学科的性质是什么呢？

语文就是语言，叶圣陶说过：“口头为‘语’，书面为‘文’，文本于语，不可偏指，故合言之。”列宁则提出，语言是“人类最重要的交际工具”。所以，语文是一门工具性学科。学习语文的根本目的就是要掌握语言这个工具，利用语言进行交际；语文教学的根本目的就是培养、提高学生运用语言进行交际的能力。

语文教学的重点是什么呢？

语文教学的重点取决于语言的工具性质和语文教学的交际目的。运用语言进行交际的方式有四种：听、说、读、写。其中，听、说是运用口头语言，可在自然的状态下进行（基本上不需要进行特别的训练）；而读、写是运用书面语言，不能在自然的状态下进行（必须进行专门的训练）。所以，语文教学的重点是阅读和写作。另外，听、读是输入，说、写是输出，所以，语文教学重点中的重点应是写作。

语文教学的成败标准是什么呢？

语文教学的成败标准取决于语文教学的重点，因此，这个标准不应该是考试分数，不应该是升学率，而应该是学生的读写能力，特别是写作能力。如果考试分数与升学率不能代表读写能力，它便不具有实际意义。一个人只要写作不过关，语文成绩就不能算及格；一个班级、一个学校的学生只要写作不过关，语文教学就不能算成功。

怎样提高读写能力呢？

要弄清这个问题，仍离不开学习语文的目的——交际。我们应该考察一下，我们是怎样运用语言进行交际的。

为了讲述的方便，我们先对语言做如下的分析。

宏观：语音—语汇—句子—篇章

微观：语音学—语汇学—语法学—修辞学—篇章学

具体来说，人们运用语言进行交际，是在宏观层次上进行的，即通过语音（书面上为文字）组成语汇，通过语汇组成句子，通过句子组成篇章，从而传递信息的。而微观层次上，语言是一种知识，并不与交际发生直接关系，只能起一点有限的间接作用：并不是先懂语音学才会发音的，并不是先懂词义才会运用词语的，并不是先懂语法才会造句子的，并不是先懂得修辞学和篇章学才会写文章的。譬如，在实际生活中，当人们说“那是一个人”的时候，并不需要先懂得“人”是指能思维、能制造并使用工具的高级动物，是名词。否则，交际便无法进行了。因此，人们运用语言进行交际是具有宏观性和整体性的。

人们在运用语言进行交际时，要选择恰当的语言形式。这种选择在很大程度上同样并不取决于知识，而是取决于语感。语感是一种能力，是一种在交际的过程中逐步培养起来的对语言的感受能力。它并非靠知识得来，有时甚至也不能用知识去解释，这就是人们所说的“只可意会，不可言传”，“意会”就是用语感去体会。所以，语言的微观层次对语感的培养，同样不发生直接的关系。

上海女作家查志华在《孩子的趣话》一文中写道：她的丈夫是军医，她刚进幼儿园的小女儿把父亲从部队买来的鸭子称为“军鸭”，理由是部队的马叫“军马”。她的同事的女儿还是个小不点儿，某次打翻了牛奶，却对妈妈说：“不是我不好，是牛奶自己逃走的”。女作家程乃珊的女儿要亲她，程乃珊佯作不肯，说：“你又要将口水亲到我的脸上了。”她女儿说：“这次不会的，不信我先在你手心上打个草稿。”

这些幼小的孩子并没有学过修辞学，不懂得什么仿词、拟人和比喻，但并不妨碍她们在说话时运用这些修辞方法。

打个比方，语言如碗，信息如饭，人们用语言传递信息，便如同以碗盛饭，以碗盛饭无须知道碗的构成成分。因此，也可以说，以碗盛饭，也是在宏观层次上进行的，同样具有整体性——你用的必须是完整的碗，而不能把它打碎。

既然交际具有宏观性和整体性，既然人们对语言的运用主要是一种能力，知识对它并不起决定性作用，那么，对语言能力的培养也必须在宏观的层次上进行，也就是要在交际中学习交际，在交际中提高交际能力。

所以，要提高读写能力，就必须通过读写实践，即阅读要读，写作要写。

首先，阅读要读。读的量要多（既指篇数，也指遍数），质要高，要熟读、读熟。长文应能复述，短文及长文的精彩部分应能背诵。这样才能自觉或不自觉地体会到文章的选材立意、遣词造句、布局谋篇的种种妙处，从而掌握一篇乃至一类文章的特点，才能有意或无意地在写作中进行借鉴、模仿，使阅读对写作起到指导、促进作用。

其次，写作要写。在阅读指导下，要多写、多练笔，以提高写作能力。写作能力提高了，语感加强了，反过来又能促进阅读。这样以读导写，以写促读，使读写密切结合、高度统一，就会形成一种良性循环——在阅读方面，是越爱读就越会读，越会读就越爱读；在写作方面，则是越爱作就越会作，越会作就越爱作。这是提高读写能力的必由之路，也是语文教学的理想境界。

读的这种重要性，读写的这种关系，以及读写结合的原则，是古人早就认识并付诸实践且行之有效的。唐代诗人杜甫的“读书破万卷，下笔如有神”就写明了读与写的关系。宋代欧阳修也说：“作诗须多诵古今人诗，不独诗尔，其他文字皆然。”据《欧阳公事迹》记载，他本人“四岁而孤，家贫无资，太夫人以荻画地，教以书字。多诵古人篇章，使学为诗……及其稍长……昼夜忘寝食，唯读书是务。自幼所作诗赋文字，下笔已如成人”。这就是一个遵循读写结合原则成长起来的大作家的例子。

前人对这方面的论述极多，有不少真知灼见。如清代唐彪在《读书作文谱》中说："文章读之极熟，则与我为化，不知是人之文，我之文也。作文时，吾意所欲言，无不随吾所欲，应笔而出，如泉之涌，滔滔不竭。"晚清况周颐在《蕙风词话》中也说："学填词，先学读词，抑扬顿挫，心领神会。日久，胸次郁勃，信手拈来，自然丰神谐畅矣。"

在现在，这种通过多读多写来提高读写能力的方法，仍被众多有识之士所提倡、所实践，并被事实证明是行之有效的。叶圣陶强调吟诵（即表情朗读），他说："对于讨究所得的不仅理智地了解，而且亲切地体会，不知不觉之间，内容和理法化而为读者自己的东西了，这才是最可贵的一种境界。学生学习语文学科，必须达到这种境界，才会终身受用不尽。"上海特级教师沈蘅仲也强调朗读，他在《语文教学散论》中提出，朗读是学好语文的一种重要手段，"如果能反复朗读，朗朗上口，熟读成诵，那么书本上的语言就会变成自己的活的语言，一朝要用到时，它们自然会奔赴腕底"。他也十分重视背诵："学生如每学期都能背出若干篇诗文，积累起来也是一种精神财富，受用无穷。"中国教育科学研究院研究员张田若教授在谈到语文教学时说："语文课主要是技能课，要通过读书学会读书，学生读书应占据大量的时间。"

综上所述，我认为，语文教学应该以提高运用语言进行交际的能力为目的，以培养语感为目标，以语言的宏观层次为学习内容，以读写为重点，以读写结合为原则，以读写实践为基本手段，以语言能力（主要是读写能力）的高低为成败标准。

而我们现在的语文教学在很大程度上是违背这个规律的。

第一，现在的语文教学不是以提高语言的运用能力为目的，而是以应付考试为目的。

第二，受考试导向的制约，现在语文教学不是以语言的宏观层次为学习内容，而是以微观层次为学习内容。现在语文考试中作文的分值只占考试总分的 30％～40％，其他均属于微观层次的语文知识，而且有更多更难的趋势。

第三，因为是以语言的微观层次为学习内容，所以就不可能以读写为重点、以读写结合为原则、以读写实践为基本手段。现在的语文教学，只让学生在课上回答问题，在课下做练习，阅读不读，写作不写。

第四，现在的语文教学既然不以读写为重点，语文教学的成败标准当然也就不是读写能力的高低，而是考试分数和升学率了。

第五，违背语文教学规律的不仅是中学，连小学也是如此。每当看到机械记忆正处在黄金时期的小学生不是尽可能地多读多背，而是在教师煞费苦心的引导下步履维艰地去思考问题、回答问题，真是令人痛心疾首。

第六，因为从小学开始语文教学就违背了规律，所以，就大多数学生而言，他们的语文水平都没得到真正的提高。这样，在学期与学期之间、年级与年级之间，特别是小学与初中、初中与高中之间，就留下了一条呈几何级数增长的断裂带。

第七，我们的语文教材的编选，更多的是从政治思想方面考虑，而不是从语言的角度出发。这就导致教材缺乏吸引力，学生不感兴趣、不愿意学。

我们应该对语文教学进行全面、深入的检讨，包括传统的、现代的，以及曾经进行和正在进行的教学改革，必须彻底纠正那些违背语文教学规律的做法，不但要改革教法，还要改革教材和考试方式。否则，全面提高语文教学质量就只能是一个不醒的梦。

传统语文教育值得探讨借鉴

自从五四运动以来，我们对传统文化往往持有一种全盘否定的态度，对传统语文教育也是如此。说到其性质，便是封建；说到其特点，便是陈腐；说到其培养的人，便是孔乙己。这种观点是不正确的，正如新儒家学派代表人物杜维明先生所说，这是用中国文化的糟粕与西方文化的精华比，为的只是突出自己文化的劣根性。实际上，传统语文教育植根于中华民族，绵延几千年，是适合我们民族的语言、思维、心理特点的，是有许多宝贵的东西值得我们探讨、借鉴的。

那么，传统语文教育有哪些值得借鉴的地方呢？这当然不是三言两语能说得清的，但我认为，至少在语文教育的一些带有根本性质的问题上，传统语文都有借鉴的价值。

第一，传统语文教育重视儿童机械记忆力强的特点，特别强调熟读和背诵。清代陆世仪《论小学》中说：“凡人有记性，有悟性。自十五以前，物欲未染，知识未开，则多记性，少悟性。十五以后，知识既开，物欲渐染，则多悟性，少记性。故凡有所当读之书，皆当自十五以前使之熟读……若年稍长，不唯不肯诵读，且不能诵读矣。”我国著名史学大师韩国磐对此有深刻的体会，他认为，读书要做好基本功，而基本功之一就是勤读、多背。他还说，“自己现在能记得的文章诗词，大都是十多岁、二十岁上下时成诵的，年事一长，记忆力就差些”。沈蘅仲曾收到早年的一个学生的来信，回忆在20世纪40年代跟他学语文时的情形，说：“我记得，读，在你的语文教学中占有很大的比重，还有背诵。想起当初，再看现在，我认为只在课堂上听听讲而不在课后去熟读，这就只能是学了二分之一语文。稍有语文根基的人，谁不是背出来的？如果我们当时不背，日后也不会感到基础有这么扎实。”这都是从学生的角度，从学生切身的学习体会中，对传统语文教育的这一做法的肯定。

熟读背诵，需要时间。古人说“读书百遍，其义自现”绝不是夸张，而是读书遍数的基本数字。清代龙启瑞在他拟的“课程表”中突出了朗读这一重要环节，明确要求学生“就位念一百遍”。清代唐彪在《父师善诱法》中也说：“读至百遍外，虽甚拙者，亦能记能背矣。”为了让学生读够遍数，唐彪还提出，“当设筹以记遍数，每读十遍，令缴一筹”，使“书之遍数得实，不致虚冒”。

教育资源是有限的，在同一单位时间内，如果注重熟读背诵，就很难兼顾其他。元代教育家程端礼在《程氏家塾读书分年日程》中提出，儿童八岁入学后，要先用六七年时间，在十五岁之前读“四书”“五经”诸经正文，十五岁之后再读注。这是一种非常有意义、非常值得探讨的做法。

这种做法是暗合现代系统科学中的信息科学原理的。从信息论的角度看，阅读就是摄取信息。一篇文章存储的信息是丰富的，有的甚至可以说是无限的，无论怎样讲、怎样注，也只能揭示其中的一部分信息，而在揭示这部分信息时，又会自觉或不自觉地舍弃其余的信息。但如果将全文都背诵下来，那就等于摄取了它的全部信息。随着年龄的增长和阅历的丰富，人们对原来不理解的信息自然就会逐渐理解，而且能在需要的时候把有关部分提取出来，在以后的生活、工作中受益无穷。古人所讲的“书到用时方恨少”，指的不仅是买得少，更主要的还是指读得少、背得少。

第二，与注重熟读、背诵相适应，传统语文教育的教材也有自己的特色，特别是初级的蒙学教材，在形式上以歌诀为主，内容上则具有浓缩性、知识性、教育性等特点，语文学科的特点反而并不突出。如《三字经》中“融四岁，能让梨”，仅仅六个字就把一个故事交代完毕。而现在，这个故事编成了几百字的一篇课文，讲课时要分析词句段篇，分析中心思想，讲完就得用两三个课时，但有效信息并没有多少。两相比较，孰优孰劣，岂非显而易见？

第三，传统语文教育特别强调阅读对写作的意义。程端礼引用宋代史蒙卿（果斋先生）的话说：“读书如销铜，聚铜入炉，大鞴扇之，不销不止，极用费力。作文如铸器，铜既销矣，随模铸器，一冶即成，只要识模，全不费力。所谓劳于读书，逸于作文者此也。”阅读教学中注重熟读和背诵，并非只为了阅读的需要，至少有一半是为写作。

传统语文教育这样强调阅读对写作的意义，正是抓住了人类学习语文即语言的真谛。语言学习的主要途径和手段就是模仿。口头语言的学习是如此，书面语言的学习也是如此，要学习写文章，就得先模仿别人的文章，要能模仿，就得多读、熟读，所谓“能读千赋，则能为之”。不熟读文章，而去分析它的词句段篇是不济事的，是买椟还珠、舍本求末之举。

上述问题都是语文教育中的根本性问题。恰恰在这些问题上，现在的语文教育存在着明显的不足。所以，现代语文教育亟须借鉴传统语文教育中那些有价值的东西。

对语文教学改革的宏观思考

语文教学的根本性改革要上溯到 20 世纪初，从清末到五四运动这一段时期。改革的主要标志包括这几方面：在学制上，罢科举，语文单独设科；在教学内容上，语体文代替了文言文。具体来说，1903 年，清廷颁布《考务纲要》，语文单独设科（国文）；1905 年，清廷下谕废除科举；1920 年，北洋政府教育部正式将小学“国文”改为“国语”，全部采用白话，随后，白话文逐步进入了中学国文教材中。

但这次改革的动力并非来自语文教学本身规律的自然发展，而是来自于外部——国家衰败。早在 1903 年，张之洞与袁世凯就在一份请罢科举的奏折上说：“科举一日不废，即学校一日不能大兴，将士子永远无实在之学问，国家永无救时之人才，中国永远不能进于富强，即永远不能争衡各国。”1919 年的五四运动中，最通俗、最响亮的口号就是“打倒孔家店”，即要打倒封建文化，当然也包括封建教育。文言文作为封建文化的载体，自然就被扫进了“垃圾堆”，白话文则代替了文言文成为新文化的载体而登堂入室。

因此，这次改革是十分仓促的，在理论上并未做好充分的准备，没有在宏观上对改革后的语文教育做出充分的思考。从这个角度上说，这次语文教学改革在理论上是先天不足的，从而导致了实践上的后天不足，所以，语文教学的效果不能令人满意。

那么，应该从哪些方面对语文教学改革进行宏观上的思考呢？我认为，要从语言科学、心理科学和信息科学三个方面进行考虑。

1. 从语言科学方面思考

语文就是语言，包括口头语言和书面语言。叶圣陶曾解释过“语文”这个概念，说：“彼时同人之意，以为口头为‘语’，书面为‘文’，文本于语，不可偏指，故合言之……”

既然语文是语言，那么语文教学就与语言科学有密切的关系，语文教学就应该符合语言科学的原理。因此需要从语言科学的角度对语文教学进行思考。

语言是交际的工具，所以语文教学也应体现出语文学科的工具性。那么，怎样才能在语文教学中体现语文学科的工具性呢？

(1) 语文教学要合乎语言的产生和运用的实际

语言是怎么产生的呢？语言学告诉我们，语言产生于劳动，产生于劳动过程中交际的需要。马克思认为，与意识一样，语言是在人对互相交流有了迫切要求和需要之后才产生的。而恩格斯说：“劳动的发达必然帮助各个社会成员更紧密地互相结合起来，因为它使互相帮助和共同协作的场合增多了……这些形成中的人已经到了彼此间有什么东西非说不可的地步了。”这就说明，是先有了交流的需要，再产生了语言，然后才有对语言的分析、研究，而不是相反。

语言是怎么运用的呢？从思维的角度来说，语言的运用主要是类化的结果。就词来说，某个词总在某个场合出现，遇到相同的场合，人们便会自然地用上这个词，虽然对这个词的意义人们并不一定理解。有些词的科学定义很晚才被揭示出来，如“人”，有些词至今也没有得到一个科学的解释，如“扁”，但这并没有妨碍人们对这些词的运用。就句子来说，句子是无限的，但句子的模式却是有限的。说话人掌握了一定的句子模式，便可以据此造出或接收无限的句子。也就是说，一个人不需要经过专门的训练，只要掌握了一定的既有语言材料，就可以生成或创造他从来没有听过的话，能够听懂他第一次听到的话，这就是语言的生成性。这就是说，先有了对语言的运用，然后才有了对语言的分析、研究，而不是相反。

由此可见，语言作为交际的工具，同其他工具一样，是在需要中产生、在运用中掌握的。学习语文要合乎语言的产生和运用的实际，这应该是整个语文教学的基础和出发点。

(2) 语文教学要注意学习语言与研究语言的区别

学习语言与研究语言有着根本的不同，它们各有自己的目的、方法和特点。

学习语言的目的是运用，方法是模仿，特点是着眼于语言的外部，着眼于语言的整体，着眼于语言的宏观形态，着眼于语言的运动状态。

研究语言的目的是理解，方法是分析，特点是以语言本身为研究对象，着眼于语言的内部，着眼于语言的局部，着眼于语言的微观形态，着眼于语言的静止状态。

就大多数人而言，特别是中小学生，他们学习语文就是为了运用，而不是为了研究。研究语言是专家学者们的事。就如同电脑，大多数人只要能够按照既定的程序使用它就行了，用不着对它本身进行研究——它是什么原理，怎么制造的，程序怎样编写，有了故障怎样修理，等等。

那么，怎样通过模仿这一方法来学习语文呢？主要方法是朗读、背诵。叶圣陶说过，教材无非是一个例子，那么这个例子是干什么的呢？就是供学生模仿的。怎么模仿？就是读熟，最好背下来。近代学者辜鸿铭说，学习语文的秘诀就是背诵，“只有背诵得来的语文，才可能是熟练地道的。中国人已经懂得学语文最科学的方法，用不着欧美人来教我们”。

可是事实上，我们现在的语文教学并没有注意到学习语言与研究语言的区别，总是让中小学生研究语文，而不是让他们学习语文。

现在的语文教育不再以朗读、背诵为主，而是以理解性的训练为主。不要说初中，小学也是如此：一年级就要理解句子的意思，二年级就要理解自然段的意思，三、四年级就要渗透、理解逻辑段的意思，五年级就要理解文章的中心思想，词语的理解更是贯穿了整个学习过程。我曾经对小学五年级的寒假作业做过统计，其中，理解性训练占到97%。课堂教学则是作业的口头翻版，理解性训练也要占到70%～80%。

理解性的训练是研究语言而不是学习运用语言，所以对提高语言能力并没有太大的帮助。比如，学生已经会用“灰溜溜”造句了，再让他们苦苦思索“灰溜溜”是什么意思有什么意义呢？可是，我们的语文教学大部分时间都在进行这种没有多大意义的理解性训练，学生学完一篇课文，不要说背诵，读都读不熟，满脑子装的都是枯燥无味的“什么意思”，他们怎么能够模仿？不能模仿，教材的“例子”作用怎么体现？教材起不到“例子”的作用，学生的语文能力怎能提高呢？现代学者施蛰存说，他们那时学语文只读、只背那些经典诗文，结果语文素质很高，如今他的曾孙子们天天搞机械化训练，结果语文能力并不理想。其原因恐怕就在这里。所以，这种以讲代读、以问代读、以理解分析的训练代读、背诵、识记的做法，实是舍本逐末、因小失大。

（3）语文教学要注意语体文和文言文的区别

五四运动之前，汉语的书面语言是文言文，因此，教学内容也都是文言文，与口语不一致。五四运动之后，语体文成了汉语的书面语言，语体文又称白话文、现代汉语，与口语是一致的。

书面语言的变化对语文教学的影响非常巨大，这种影响至少表现在两个方面。

首先，载体不同，信息量也不同。文言文教材具有浓缩性和厚重的人文底蕴。比如，《三字经》第一句“人之初，性本善”，涉及“人性是善是恶”这样一个社会科学中的根本性问题；《千字文》第一句“天地玄黄，宇宙洪荒”，涉及“宇宙的产生”这样一个自然科学中的根本性问题；“四书”“五经”更是封建社会中政治、伦理、思想、道德的总纲。与此相反，语体文则具有通俗性，要通俗就得对承载的信息加以稀释，“孔融让梨”这个典故在《三字经》中是六个字，在现在就变成了几百字的一篇课文。因此，教材就不可能再有那么厚重的人文底蕴。从某种意义上说，语体文取代文言文，是进步也是倒退，是胜利也是失败。可惜，怎样在编写教材和实施教学中进行弥补，却没有人注意。

其次，语言的变化应引起教学方法的变化。文言文与口语不一致，这就需要讲解。清代王筠在《教童子法》中曾说："学生是人，不是猪狗。读书而不讲，是念藏经也，嚼木札也。"但也不是入学即讲，而是先以读、背为主。从年龄上来说，一般要到十五岁以后开讲；从学习内容上来说，一般要背到《诗经》或《左传》时开讲。所谓讲，主要是讲字词句篇（章）。程端礼在《程氏家塾读书分年日程》中提出："每句先逐字训之，然后通解一句之意，又通解一章之意，相接持续作去，明理演文，一举两得。"而语体文是与口语一致的，是大家都明白的，这还需要讲解吗？如果要讲，讲什么？讲到什么程度？由于这个问题始终没有解决，所以我们的语文教学总是在两个极端之间摇摆。

一个极端是学生已经理解的或已经会用的，教师仍要讲解，如某教师教《过桥》一课时，通过挂图对学生解释什么是过桥。另一个极端是即使解释，学生也不可能理解，如某教师讲《金色的鱼钩》一课，想要引导学生说出"鱼啊！快些来吧！这是在挽救一个革命战士的生命啊！"这个句子中的三个感叹号各表达了什么思想感情。这两个极端使语文教学的大部分甚至绝大部分成了无效劳动，语文教学的效果怎么能好？语体文取代了文言文，简化字取代了繁体字，本意在于减轻国人特别是小学生的负担，可是事实上，学生的负担减轻了吗？

五四时期，林纾、章太炎等人反对白话文，理由之一便是白话文人人都懂，若以白话文作为书面交际载体，"则都下引车卖浆之徒所操之语，按之皆有文法，不类闽、广人为无文法之啁啾，据此则凡京津之稗贩，均可用为教授矣"。（林纾《致蔡鹤卿太史书》）当然，他们反对新文化，受到新文学家异口同声的讨伐是理所当然的。但从语言的变化会影响语文教学的角度来考虑，他们的言论也有值得重视的地方。可惜，没有人（包括当时的语文教育学家）从这个角度去考虑问题，没有人对此给予足够的重视。

（4）语文教学要注意母语与外语的区别

语体文是我们的母语。所谓母语，就是我们在襁褓中就开始学习、运用的语言。我们从小就置身于母语的语言环境中，对母语的学习、运用，近于人的本能，具有很强的自然性，不需要进行专门的所谓词句段篇的理解性训练。

这只要看一看儿童和文盲知道了。儿童从一岁就开始学习说话，到三四岁就能够说出合乎语法的比较复杂的句子了，到了七八岁，他的语言能力就基本上能够满足日常交际的需要了，谁给他讲过词义、句式、段落大意？即使他没进过学校读书，没有受过教育，是一个文盲，也只是不能识字、不能阅读和写作，即不能运用书面语言而已，这会限制他求知的领域，但并不妨碍他具有口头语言的表达能力。

这就与学习外语不同了，因为外语不是母语，我们不能自然地置身于它的语言环境中，我们也就不能自然地学习和掌握它，有关词义、句式的理解性训练也就成为必要的了。

（5）语文教学要注意表意文字与表音文字的区别

汉语是一种表意文字，大多数汉字同时也是一个语素，有些甚至本身就是一个词。汉语的表意主要靠语序，不像表音文字，要靠诸如词性、词格等复杂的语法手段来表示。所以，语法对汉语来说，其重要性远远不如表音文字。陈从周曾说，中国古代没有建立起如西方国家那样发达的、严密的语法体系和语法理论。这就是最根本的原因。

汉语作为表意文字的这一特点体现到我们的语文教育中，就是不要把语法和语法学习的地位提到不适当的高度，不要将其置于如表音文字那样关键的地位。

总之，我们不能像学习古代汉语那样学习语文，不能像学习外语那样学习语文，不能像学习表音文字那样学习语文。而我们现在的语文教学和语文学习，受古代汉语、外语及表音文字的影响太大了，表面看起来日趋严密、科学，实则其严密堕入了烦琐分析之中，所谓的科学也就成了伪科学。

2. 从心理科学的角度思考

从心理科学的角度思考语文教学改革，就是说语文教学要符合儿童心理特点的实际。

人的心理特点是有阶段性的，不同的阶段有不同的心理特点。与之相适应的，教育也应该有阶段性，语文教育也应该同其他学科一样具有阶段性。

传统语文教育就是阶段性的，它分为“小学”“大学”两个阶段。

古代的“小学”阶段为十五岁之前，相当于现在的小学和初中，即基础教育阶段。在这个阶段，儿童的机械记忆力最强，是一个人一生中记忆的黄金时期。这个时期记住的东西，终生都难以忘记。苏联心理学家曾对一至九年级儿童的机械识记和意义识记情况进行过实验比较，结果发现，从一年级到六年级，机械识记一直占据优势地位。传统语文教育便是以背诵、识记为主要教学方式。像“四书”“五经”这么重要的内容，在“小学”阶段并不要求理解，甚至连注都不要求读，只要求熟读、背诵，《三字经》《百家姓》《千字文》等蒙学读物也只要熟读、背诵而不要求过深地理解，除了对对子之外，也不进行写作方面的训练。古人这么做主要就是要充分利用儿童机械记忆力强的特点，尽可能多地让他们储存信息，至于理解，可放到以后再说，这就如同牛羊吃草，先吞下去，以后再反刍。同时，学习要循序渐进，因为儿童机械记忆力虽强但理解力相对较弱，明代文学家吕坤在《蒙养礼》中提出，“深文奥理，天下国家，童子理会不来，强聒反滋其惑”。据此，我们可以说，传统教育在“小学”阶段主要是教学生吸收、储存信息的教育，而不是教学生学文、作文的教育。

古时的“大学”为十五岁之后，相当于现在的高中、大学阶段。学生在“小学”阶段吸收、储存了大量的信息之后，到了“大学”阶段就可以逐步进行研究了。在阅读方面，对“四书”“五经”要研究注疏，要读《资治通鉴》之类的史书，读唐宋八大家的古文，读《古文辞类纂》之类的文选型教材；在写作方面，要进行专门的写作训练，作史论诗赋，兼顾科举。用古人的话来说，就是“大学之教，乃使人知之”。

总之，传统语文教育的内容用宋代理学家朱熹的话说，就是“小学学其事，大学穷其理”。所谓“学其事”“穷其理”，清代张伯行在《小学集解》中对此进行了解释：“学其事”就是“学事亲，学事长，且直理会那事”；“穷其理”就是“委曲详究那理，其所以事亲是如何，所以事长是如何”。

现在的语文教学，一个很大的弊端就是丧失了阶段性。从小学开始，语文就单独设科，进行阅读、写作的训练，而不是以背诵、识记为主，不是以吸收、储存信息为主。阅读教学从小学到高中，都采用词句段篇这一整套理解性训练，因此，学生的语文水平得不到应有的提高。现在，人们一味地责难高考并不公平。但是在高中阶段，学生理应进行研究式的学习和理解性的训练，高考那样出题并没有错。只不过因为学生在小学、初中时没有吸收、储存足够的信息，高中的学习方式和高考的出题方式就都失去了应有的基础，成了无源之水、无本之木，当然不会有好效果。

3. 从信息科学的角度思考

从信息科学的角度思考语文教学改革，是说语文教学改革要符合信息科学原理。

第一，如前所说，学习语文就是学习语言，而语言是交际的工具。交际必涉及双方——输出和输入，交际的内容则是信息。输入应该先于输出，所谓“巧妇难为无米之炊”；输入达到了一定的量，才能顺利地输出，即表达，所谓“瓜熟蒂落”“水到渠成”。所以，语文教学的首要任务就是要让学生在一定的时间内摄取足够的信息，而不是过早地进行单纯的语文训练。张之洞就反对过早地进行作文训练，他在《𬨎轩语》

“戒早开笔为文”条中说：“枵腹搜枯，苦而无益。破承起讲，枝节成篇，终身不能佳矣。近今风气，年方幼学，五经未毕，即强令为时文，其胸中尚无千许字，何论文辞，更何论义理哉？常见开笔十年而文理仍未明顺者，岂非欲速反迟？多读书，多读古文，多读时文，沛然有余，再使操觚，自然可观……”我国现代作家舒芜也曾说，青少年要提高文化修养，关键是从小抓起。过去老一辈人成就大，就是因为小时候书已读了很多，后来就可以把主要精力放在研究上。这些都是真知灼见，经验之谈，足资借鉴，不可等闲视之。

第二，信息的载体是教材，要让学生在一定时间内摄取足够的信息，教材的内容就必须负载足够的、有摄取价值和储存价值的信息，教材的形式还应便于学生摄取这些信息。

第三，文本的信息往往是丰富的、多元的，读者只能从作品中摄取所需要、所理解的信息，这使得阅读成为一个不可穷尽的过程。理解只能是相对的，只能破译、提取部分信息，而读者在破译、提取这部分信息的同时，又有意无意地舍弃其余的信息。因此，阅读教学应注意科学地输入信息。对小学生来说，最理想的信息输入方式就是识记、背诵，因为，这种方法等于全息输入，即吸收、储存文本的全部信息，以后可以根据需要随时把有关的信息破译、提取出来。

传统语文教育在这方面做得比较好。如前所述，传统语文教育分为两个阶段——“小学”和“大学”。在“小学”阶段，学生主要是通过识记和背诵来吸收、储存信息，与此相适应，蒙学教材内容丰富，语言凝练，在不长的篇幅中浓缩了大量的信息，而且整齐押韵，便于朗读、背诵。

然而，现代的语文教学改革却忽略了这一点，现在的小学生信息摄取量严重不足，远远不能满足交际的需要，以提高语文能力为目的的语文训练因为没有足够的信息做基础，就失去了它的意义。现代语文教学至少有以下四个方面的弊病。

首先，宏观的信息量太少。每册语文课本不过三十几篇课文，每篇课文或表现一种事物，或记叙一件事情，从宏观上看，每一课只传达了一个信息，这等于学生一个学期只能摄取三十几条信息。所谓语文训练，不过是把这三十几条信息进行切割而已，从宏观上看，信息总量并未增加。

其次，因为出发点在于语文训练而不在于输入信息，这其中还有一大部分信息没有吸收、储存的价值，如吃白菜的什么部分、吃萝卜的什么部分、吃西红柿的什么部分之类的知识，学生在生活中就能积累了，用不着在课堂上花那么大的精力去反复地阅读、问答和填空。

再次，文本信息往往具有多元性和不确定性，在破译提取信息的同时，也就排除、舍弃了其他信息，而所提取的信息又不一定正确，这就有可能向学生提供虚假信息。特级教师霍懋征在讲《月光曲》一课时，把“传说是这样谱成的”这句话中的“传说”解释为“在民间流传的故事”，实则“传说”有两义，在这里应是动词，是辗转述说的意思。名师尚且如此，何况一般的教师？

最后，课文都比较长，不简练，不押韵，不利于学生背诵，这也影响学生对信息的吸收、储存。

总之，如果语文教学不能从语言科学、心理科学、信息科学的角度进行宏观思考，语文教学就失去了宏观背景的依托。不以宏观的背景为参照物进行思考，只是就语文教学研究语文教学，便不可能真正认识语文教学的规律。比如，阅读教学要理解词义、句意、段落大意和中心思想，如果不以宏观背景为参照物进行思考，只从语文的角度去考虑，会认为这是天经地义的事——因为词义、句意、段落大意和中心思想都是存在于教材之中的，阅读教学不讲这些还能讲什么？而如果把它放在语言科学的宏观背景之下，从语言产生和实际运用的角度来考虑，我们立刻就会发现这是荒谬的——人们在阅读时并不需要弄清每个词的意思、每个句子的语法、每个段落的大意和每篇文章的中心思想。

我国著名作家钱钟书先生在《林纾的翻译》一文中说：“我们研究一部文学作品，事实上往往不能够而且不需要一字一句都透彻了解的。

有些字、词、句以至无关重要的章节都可以不求甚解，我们一样写得出头头是道的论文……”搞研究尚且如此，何况是一般的交际？既然如此，我们费了九牛二虎之力搞这方面的训练是为了什么呢？所以，我们必须从宏观的角度思考语文教学改革，使其符合语文教学规律，否则，语文教学改革就不会成功。

语文教育：应用与应试

有人说，语文分为两种，一种是体现为个人能力的素质语文，一种是没有实际用处的应试语文。这话说得不错。事实上，的确存在着两种语文——应用语文和应试语文，于是也有了两种语文教育——一种以培养应用能力为目的，我们可称之为应用的语文教育；另一种以培养应试能力为目的，我们可称之为应试的语文教育。这两种语文的性质、特点不同，这两种语文教育的性质、特点也不同。比较两种教育有何不同，并在此基础上破译何以不同，探究如何能同，对语文学科的教育教学有着重要的意义。

应用的语文教育与应试的语文教育到底有哪些不同呢？

1. 宏观与微观——着眼点的不同

(1) 应用语文具有宏观性

所谓应用语文，就是用来交流思想感情的语文。人们是怎样应用语文即运用语言进行交际的呢？从思维科学的角度说，语言是思维类化的结果，一个人只要掌握了一定的既有语言材料，无须经过专门的训练就可以应用语文即运用语言进行交际，可以生成或创造他从来没有听过的话，可以听懂他第一次听到的话。这就是语言的生成性。

语言的生成性决定了人们在应用语文时具有宏观性的特点。在输出信息时要把部分组成一个整体，就是用词语组成句子，用句子组成句群，用句群组成段落，用段落组成篇章。输入信息时接受的也是整体传达的信息。而对微观层面如词义、语法等，因其与交际并无直接的关系，往往是忽略不计的。无论是听、读还是说、写，人们都不会先考虑这个词是什么意思，在句中做什么成分，否则，交际就无法进行了。比如，儿童从一岁就开始学说话，第一句话就是喊“妈妈”，但他那时就知道“妈妈”是名词吗？

（2）应试语文具有微观性

应试语文就是用来应付考试的语文，目的是检测学生的语文水平。所以应试语文着眼的是部分，是微观的层面。应试语文要变动为静、化整为零，或者直接考察微观的东西，如字音、词义；或者提供一个整体让学生分解为部分，如欣赏、阅读。所以，应试语文具有微观性，强调理解，注重分析，而在不知不觉中丢掉了整体。

程福宁教授评《文章学与语文教育》一书时指出：“我们常说，没有分析就没有综合，然而不综合，分析就失去了寄托；我们又说，没有局部就没有整体，然而不把握整体，局部就无所凭依。”应试教育的种种弊端均在此处留下了“祸根”。

2. 预设与非预设——阅读的不同

（1）应用语文具有非预设性

应用语文的阅读是阅读者个人的行为，因此具有非预设性。那么，非预设的阅读有哪些特点呢？

第一，从摄取信息的范围上看，非预设性的阅读具有结构上的单一性。阅读者可以只注意自己感兴趣的东西，注意自己知识结构所能容纳的东西，可以喜欢读这类文章而不喜欢读那类文章。如果不是特殊的需要，恐怕很少有人在阅读时去关心“生物降解”（1993 年北京、湖北、湖南、云南、海南、贵州六省市高考语文试题）或“天然气”（2004 年江苏高考语文试题）。

第二，从理解信息的质量上看，非预设性的阅读具有层次上的多样性。不同的读者由于阅读水平不同会有不同的理解层次。有的一得自矜，浅尝辄止；有的却能登堂入室，探骊得珠。当然大多时候，非预设性的阅读不拘泥、精确于一词一句，重在前后贯通，整体意会、感悟，就算是有些似懂非懂甚或不懂，也不固执不放，死抠字句。正如陶渊明在《五柳先生传》中所说，“好读书，不求甚解，每有会意，便欣然忘食”。老舍也说他自己读书只求一点灵感，有一个好或不好的印象就行了，没工夫去细细地研究它。也许有人会问，这样读书有用吗？有用！著名华裔科学家杨振宁说过，知识往往是在不知不觉、似懂非懂中积累起来的。

第三，从评价信息的角度上看，非预设性的阅读具有认识上的多元性，既可以随声附和，也可以独具只眼，所谓形象大于思想，一千个读者心中可以有一千个哈姆雷特。鲁迅先生曾在《〈绛洞花主〉小引》中指出，“《红楼梦》是中国许多人所知道，至少，是知道这名目的书。谁是作者和续者姑且勿论，单是命意，就因读者的眼光而有种种：经学家看见《易》，道学家看见淫，才子看见缠绵，革命家看见排满，流言家看见宫闱秘事……”

(2) 应试语文具有预设性

应试语文的阅读是阅读者群体的行为，因此具有预设性。

第一，读什么文章是预设的。不管有多少读者，都是读同样的文章——平时阅读的是教材，考试时阅读的是试题。以高考试卷为例，语体文的阅读往往有两篇，一篇是科技类的文章，一篇是社科类的文章。那些科技类的文章，多反映最新的研究发现，其内容艰深，文笔也不流畅，佶屈聱牙，难以卒读。比如，本来可以说“至今还未发现这些讯号的电波源”，却非要说“至今还未发现具有已接收讯号特征的电波源”(1995 年全国高考语文试题)。可是既然出现在考卷上，再不愿意读也得硬着头皮读。鲁迅在《读书杂谈》一文中将这种应试的、预设性的阅读称为“职业的读书”：“所谓职业的读书者，譬如学生因为升学，教员因为要讲功课，不翻翻书，就有些危险的就是……有的不喜欢算学，有的不喜欢博物，然而不得不学，否则，不能毕业，不能升学，和将来的生计便有妨碍了……这样的读书，和木匠的磨斧头，裁缝的理针线并没有什么分别，并不见得高尚，有时还很苦痛，很可怜。”

第二，理解什么内容（包括评价）是预设的。不管有多少读者，都要思考同样的问题，还要得出同样的答案——平时阅读、思考的是课后练习题，考试时便是试题了。特别是考试，为了增加试题的难度，这种预设还往往要大做手脚。有的是在阅读时容易忽略的微观层次上，如原文是“冬眠的哺乳动物虽然与人类一样都是温血动物，但是它们在更宽范围的调节性上获得了进化……”，理解不正确的一项是“比较起人类来，冬眠的哺乳动物在更宽的范围里发生了进化”，差别只在定语里少了“调节”二字（1999 年全国高考语文试题）。有的是在原文中交代得含混不清的地方，如关于纸浆厂的文章中对“示范厂”“小型厂”“小规模工厂”“正式规模工厂”等概念在运用过程中交代得并不明晰，出题者却偏偏从这个角度出题（1996 年全国高考语文试题）。而似是而非的预设和混淆视听的干扰项更容易使人真假莫辨，读懂这些选项就不是一件易事，如“肠脑中具有与颅脑赖以运转和控制所需相同的绝大部分物质”好像绕口令一样（1997 年全国高考语文试题）。要做对这样的题得有孙悟空的火眼金睛，要能够吹毛求疵，在鸡蛋里头挑骨头。

第三，预设的尴尬。预设的过程其实也是命题的过程，命题人先确定阅读材料，再根据自己对材料的理解设计习题。所以，预设性阅读的过程就是阅读者努力使自己的阅读结果与出题人即预设人的阅读结果趋同的过程。同即正确，异即错误。然而文本本身往往具有多元性，而阅读在本质上又是一种个人行为，所以这种预设很可能出现错位。

① 做题的结果与出题的预设不合。这种错误的原因多数在于做题者做题不正确。但是，做题的结果与出题的预设不合，责任全在做题人吗？也不尽然。出题人根据自己对文本的理解所做的预设并不正确，这种情况并不少见。

语文教材的阅读预设就有很多不准确的地方。比如，《从百草园到三味书屋》未必就是批判了束缚儿童的封建教育，《项链》未必是批判小资产阶级的虚荣心，《警察和赞美诗》未必是揭露资本主义社会的黑暗、腐朽的本质，《套中人》中的别里科夫不一定就是一个统治阶级卫道士的典型，《柏林之围》中的儒夫上校表现的不一定是爱国主义精神……

不单课文的阅读预设是这样，试卷中的阅读预设也有不准确的地方。如赏析宋代赵师秀的《约客》诗，预设不恰当的是“第四句描写了‘闲敲棋子’这一细节，生动地表现了诗人此时闲适恬淡的心情。”（2000 年全国高考语文试题）理由是久等主人不至，诗人的心情应该是烦闷、不可耐，而不应是闲适、恬淡的。然而，这里的“闲”又该如何解释？唐韧撰文对此提出异议，认为这是“将宋人现代化”了，从全诗来看，诗人的心情即使不是闲适恬淡，也是无所待、宁静的，而不可能是烦躁，否则，他怎么能感受得到“黄梅时节家家雨，青草池塘处处蛙”这样充满静谧气氛的意境呢？

出题人对文章的阅读所预设的题目并不准确，导致做题与预设不能相合，这种情况发展到极致，便是作者也不同意这种预设，也做不出或做不对根据自己的文章设计的题目。如巴金的《灯》中的句子：“在这人间，灯光是不会灭的——我想着，想着，不觉对着山那边微笑了。”课文注释说，这里的“山那边”暗指革命圣地延安，党领导的抗日根据地。有人根据这个注释编了一道选择题，注释的内容便是正确的选项。但巴金自己说：“教材加的注太实了。‘灯’‘灯光’是泛指光明，是向往光明的意思。结尾处的‘山那边’就是文章开头的‘在右边，傍山建筑的几处平房里射出来的几点灯光’。”巴金的解释恰恰说明试题中被预设的选项是错误的。作家司徒伟智的文章《正是为了保护人》被收入某出版社出版的《高考总复习导引》中，其中围绕第三自然段出的一道题，司徒伟智自己也做错了，弄得他哑然，木然，尴尬之极。

② 结果与预设相合而过程不合。做题结果与答案一致，就等于与预设相合，但结果相合却不等于过程也相合。例如，要求学生分析“问人间谁是英雄？有酾酒临江，横槊曹公。紫盖黄旗，多应借得，赤壁东

风。更惊起南阳卧龙，便成名八阵图中。鼎足三分，一分西蜀，一分江东”这首元曲，预设不恰当的一项是“作者通过对三国英雄人物的描绘和比较，表达了自己追慕古贤、意欲建功立业的宏图伟愿”（1996年全国高考语文试题）。为何这项不当呢？原建平主编的《学生实用语文高考必备》（中国青年出版社，2001）中认为，说“作者通过对三国英雄人物的描绘和比较，表达了自己追慕古贤”的意愿，似还可以，但说作者有‘意欲建功立业的宏图伟愿’就是无中生有了。而王俊鸣编著的《特级教师点拨高考（语文）》（学苑出版社，1997）中则认为，其着眼点主要不是对“英雄人物”的描绘，而是对“英雄业绩”的追怀，而且这里也没有“比较”，对提到的人物都怀有崇敬之情，并无高下优劣之分。这两种观点相比较，是不是耐人寻味？

3. 主动与被动——写作的不同

(1) 应用语文的写作是主动的

应用作文不是“要我写”，而是“我要写”。先有生活，在生活中有感悟或有需要，然后才有题目、有文章。写不写，写什么，怎样写，全看自己的兴趣。有话则长，无话则短。鲁迅在《答北斗杂志社问》中提出：“写不出来的时候不硬写。”应用语文应该如黄遵宪《杂诗》中所说：“我手写我口，古岂能拘牵？”

(2) 应试语文的写作是被动的

在考试时，写不写作文是没有选择余地的，要是不写，60分就没了。写什么、怎么写也都是有预设的。有题目，有要求，必须根据题目及要求来作文，需要按图索骥、量体裁衣。

应试作文有总的要求即评分标准，共两个等级十几个小项，又由作文的总要求衍生出作文模式。比如，材料作文的议论文模式一般是这样的：① 引论——概述材料2～3句，简析材料1～2句，提出中心论点。② 本论——举出典型例子，最好一正一反；分析例子，一段；引用名言2～3句；分析名言。③ 结论——回应论点1～2句，回应材料1～2

句，小结全文 1～2 句。鄢烈山、何保胜在《杞人忧师》一书中讽刺这种模式“是三大部分合共十股，比老八股还多两股的新十股”。现在书店里的大部分作文辅导书都讲得清清楚楚：全文分几部分，每部分多少句，每个句子写什么。怎么样？先进吧？

另外，每篇作文又有各自的要求。例如，有这样一篇材料作文：某中学高三（1）班学生小张因病缺课两个月，他担心影响高考，请同班好友小王帮他补课。后来，小张的学习成绩跟了上来。小张的母亲很感激小王，尽管家里不富裕，但还是托人给小王捎来了二百元作为报酬。小王收到钱后感到很为难，他找班主任谈了自己的看法。班上的同学知道这件事后，产生了各种议论。在班会上，大家围绕这件事以及与此有关的一些问题各抒己见，展开了热烈的讨论。假设你是该班的一名成员，请你在参加了讨论会并和小王交谈后，给校广播室写一篇全面反映这件事和班上同学各种看法的广播稿（1993 年全国高考语文试题）。这篇作文的要求颇为复杂：须是班里成员（身份），须是参加了讨论，并和小王交谈过（角度），要能全面反映这件事和班上同学的各种看法（内容），须是一篇广播稿（文体），这广播稿又得是为校广播室写的（对象）。方方面面都要考虑周全，容易吗？

近年来作文形式多为话题作文，宽泛、自由得多了，这是大进步，但也不是没有预设。比如，2001 年全国高考语文作文的话题是“诚信”，2002 年的话题是“心灵的选择”，没有学生敢说不要诚信，没有学生敢做出不是“舍己救人”的选择。有人提出，这是“让学生们做道德评判”，并提出异议“高考作文不是道德测验”，认为这种关于作文的预设使得高考作文成了“假话工厂”。话虽有些偏激，但也不无道理。

4. 读写实践与机械训练——学习方法的不同

（1）应用语文的学习方法是读写实践

既然某个词总在某个场合出现，人们在遇到相同的场合时就会自然地用上这个词，既然一个人无须经过专门的训练，只要掌握了一定的既有语言材料，就可以运用语言进行交际，那么，以应用为目的语文教育，就应该使学生置身于运用语文的场合中，应该尽可能多地掌握既有的语言材料。也就是说，以应用为目的的语文学习手段应该是实践，应用语文的能力——听说读写，特别是读写，一定要通过实践来培养、形成、巩固和提高。

第一，读。从内容上来说，要读原著，要读文本本身而不是对文本的阐释；从数量上来说，要多，要博览群书；从方法上来说，要以狭义的读即朗读、默读为主而不是做阅读练习；从要求上来说，要熟，要能背诵。到此地步，才算是完成了思维的类化，才算是真正掌握了语言材料，才能提高语感使之为己所用。

第二，写。读虽是写的基础，但也只是基础而已，不能代替写。读得多不一定就能写得好。写，有它自己的规律和学习的方法，学生只有通过不断的实践才能获得写的能力，所以要多写才行。唐彪说："学人只喜多读文章，不喜多做文章。不知多读乃藉人之工夫，多做乃切实求己工夫，其益相去远矣。人之不乐多做者，大抵因艰难费力之故，不知艰难费力者，由于手笔不熟也。"

(2) 应试语文的学习方法是机械训练

考试着眼于微观的层次，做题是考试主要的甚至是唯一的方式。应试是一种能力，这种能力要从实践中得来。所以，应试语文以机械训练——做题为学习的主要方法。要提高学生的应试能力，就得让他们多做题、多考试、多进行机械训练，因为机械训练就是考试的实践。

徐忠宪老师提倡文言文弱语感教学法，认为弱语感教学法是"降格为单向接受（读懂）古人信息和了解古代母语、增厚母语素养"，"依循'弱语感教学法'，学生只要把语文课本中的文言实词、虚词、句法知识学好，了解一定量的古代文化常识，释读过数十篇文言文（包括高考试卷常选的人物传记类文章），并训练出较快的阅读理解速度，那么，解答高考文言文试题就有了可靠的保证"。可见，所谓弱语感教学法其实就是机械训练法。这样说来，不止文言文，整个语文教学实行的都是这种弱语感教学法。

那么，要训练到什么程度？要由多而熟，由熟而巧，从而形成娴熟的技能。何谓技能？心理学认为，技能是通过练习而获得巩固的、自动化了的运动动作或智力的活动方式。所谓“自动化”就是拿过试卷，几乎不用再做思考，就能“自动”地知道题目的关键，从而能够快速、准确地把题做好。不过到了这种程度，人也就成为应试的机器了。

教育资源是有限的，当学生把绝大部分的时间、精力都投入到机械训练中去的时候，真正意义上的阅读和写作就只好“办病退”了。

5. 文化与亚文化——学习内容的不同

语文是文化的载体，但语文所负载的却不全是文化。所谓文化，是人类认识自然、认识社会、认识人生的结晶，反过来又是能够帮助人类认识自然、认识社会、认识人生的“灯塔”。语文教材的大部分篇章是名人名作，可以够得上这个标准。但教学参考书是对教材的解释，与教材就不在一个层次上了，而练习册的地位就更是等而下之了。如果说教材属于文化，那么教学参考书、练习册就属于亚文化了。

（1）应用语文学习的是文化

应用语文的阅读是非预设性的阅读，是主动的阅读，所读的都是某部著作或以读原著为主兼读一点参考资料。一个人不可能闲来无事不看原著却抱一本对这部著作进行解释的书猛啃或埋头去做练习题。

（2）应试语文学习的是亚文化

因为试题及答案实际上是出题人对学习内容的理解，所以在应试语文中，教学参考书、练习册有着特别重要的作用。教师教的是教学参考书，学生做的是练习册。教学参考书和练习册合起来称为教辅用书。然而，说是“辅”，实际上却与教材平分秋色，甚至反客为主。教辅用书所属的亚文化成了应试语文的学习内容。

学校学习不以教材即文化本身为本，而把教辅用书即亚文化放在第一位，实是舍本逐末之举，但因为符合应试需要，所以无法遏止。古已有之，于今更烈。教学参考书，唐有《五经正义》，宋有《三经新义》，明、清有朱熹的《四书集注》。练习册，唐时就有“帖括”，即“专门把孤绝幽隐的句子，编成诗歌数十篇便于背诵”，以应付考试中的“帖经”即填空；唐时考试还有“策问”，即对现实问题提出建议，相当于今天的论述题，用来考查考生政治管理方面的才能。科举考试为什么在隋唐之际产生，人们会列举出许多理由，如急需大批官吏、士族制度崩溃、庶族地主的势力扩大要求权力的再分配等，这些原因都没有错，但是有一个技术性的原因却被大家忽略了，那就是因为隋唐之际产生了雕版印刷，这使大批考生能够持有覆盖考试内容的文本，从而使大规模的考试成为可能。这“覆盖考试内容的文本”自然不止教科书，也包括各种参考资料，如上面提到的“帖括”。到了现代，辅导考试的如《最新高考命题趋向及解题技巧》之类的书籍汗牛充栋，研究考试的如《应试策略》之类的文章连篇累牍。中小学教育如此，成人教育也如此，大学教育是不是也如此？那些在中国文学、外国文学考试中答八十分、九十分的学生，有几个是看过原著、看过作品的？还不都是看辅导材料、做习题？

即使没有考试也会有对经典的解释，但它绝不会受到如此重视，不能够如此普及。从积极的方面说，是考试拉动了某个种类、某个方面的亚文化的发展，对该种类、该方面的文化不无益处；从消极的方面说，这种考试排斥、抑制了其他方面、其他种类的文化，即使是对该种类、该方面的文化也因本末倒置而同样具有排斥、抑制的副作用。这种情况发展到极致，便导致了教育内容的单一化、教育方法的模式化、教育体制的僵化，而这时这种教育也就走到了尽头。“科举”“八股”被废除，实际上大半是“自杀”。

语文学科具有人文性，因为它是人类文化的载体。语文教育怎样才能体现语文的人文性特点呢？就是要以教材为工具，通过语文教学对受教育者进行全方位的文化浸润。这种浸润应该在宏观层面上通过整体感知进行，而不能借助机械训练。人文性存在于文化中，而不存在于亚文化中，亚文化是对文化的阐释，而不是文化本身，亚文化只有技术性，而没有人文性。所以，机械训练不能体现人文性。

6. 常用的与不常用的——知识结构的不同

(1) 应用语文积累的知识是常用的

如上所说，应用语文的整体性决定了人们在运用语文进行交际时，微观的、局部的层面如词义、语法等与交际并无直接的关系。特别是汉字这种表意文字，其表意功能有区别词形的作用，这使得汉字成为一种极有弹性的文字，只要意义用对，读错、写错并不一定会影响交际。所以，人们在应用语文的过程中积累的知识多是常用的，那些不太常用的或差别细微的知识往往会被忽略。

以语音为例，“拘泥”的“泥”读“ní”还是读“nì”？“参与”的“与”读“yǔ”还是“yù”？恐怕是读准的少，读不准的多，但并不妨碍人们感到“拘泥”或去“参与”；有些领导讲话时要求下属不要“xiōng（酗）酒”，大家虽然知道他读错了，可是也知道领导所要表达的意思是喝酒不要过量。中国的地域如此辽阔，方言又如此复杂，要所有的人把每个音节都读得十分精确几乎是不可能的。某些多音字的读音被规范掉，正是人们无法读规范的结果。如果在中考、高考中让学生去分辨一些不太常用的字音，那就是烦琐哲学。

(2) 应试语文考查非常用的知识

考试要讲区分度，要有一定的难度，就不可能只考查常用的知识。以词语运用为例，从应用语文的角度来说，运用词语不需要先理解词语的意思，而是用对地方就行。近年的高考，对词语的考查也只是看用得是否恰当。如此说来，应用与应试似乎一致了，其实二者之间仍有本质区别。

在应用语文中，人们对词语的选择、运用是主动的，是先有过程后有结果的，是先有具体语境即交际需要，再根据语境在自己所熟悉的语汇范围内选择自己认为恰当的词语加以运用的。在应试中，人们对某个词语的选择、运用是被动的，是先有结果后有过程的。应试中的语境是他人设置的，自己未必熟悉；词语是他人选择的，自己未必掌握，所以判断起来就颇费周章。要是出题人故意选择不常见的词语或不常见的词义来考，难度就更大了。《现代汉语词典（第6版）》说“截止”是到一定期限停止，“截至”是截止到某个时候，也就是停止到某个时候。都是停止，那么说建设进展情况，是“截止”还是“截至”？《现代汉语词典（第6版）》认为“淋漓尽致”一词形容文章、谈话等详尽透彻，发挥充分，也形容暴露得很彻底，从解释上看这个词是中性词，但恐怕平时还是以褒义的用法居多。台湾省胡汝章编的《成语辞海》就把“淋漓尽致”只解释为“叙述畅达，详密尽致”，而没有“暴露得很彻底”一说。这些题目恐怕都在考生的知识范围之外，如果是应用，人们可以不去用、不去理这些僻词僻义，非用不可的时候也可以查辞书或请教他人，可是考试的时候不允许。考试既如此，平时的教学与学习就不得不钻一钻牛角尖，学一学屠龙术，结果没用的东西学了不少，而有用的东西却欠缺许多。

明末清初文学家张岱《夜航船》序中说：“天下学问，惟夜航船中最难对付。盖村夫俗子，其学问皆预先备办，如瀛洲十八学士，云台二十八将之类，稍差其姓名，辄掩口笑之。彼盖不知十八学士、二十八将，虽失记其姓名，实无害于学问文理，而反谓错落一人，则可耻孰甚。”而这些“村夫俗子”“道听途说，只辨口头数十个名氏，便为博学才子矣”，实际上这些知识“无益于文理考校，与彼目不识丁之人无以异也”。从某种程度上（当然不是全部）说，考场，就是一艘夜航船；考试，也就成了夜航船中的较量。因为出题者尽可能在做题者熟悉的范围之外“预先备办”题目，所以这题目做对与否并不一定就能够如实地反映做题人真正的语文水平。而这些做题人为了得到高分，便不得不“预先备办”学问，然而这种学问并不能称之为真学问，考试得高分的学生也并不一定成为“博学才子”。

7. 应用与应试——能力的不同

能力是教育的结果，是某种教育最表层的、外在的标志。应用语文与应试语文培养的是不同的语文能力，而且这两种能力并不同步。

(1) 有应用能力而缺乏应试能力

说到应用能力之强，应该首推作家、中文教授和语文教师，可是他们的应试能力往往一般。

北京大学中文系教授钱理群曾提出自己对某年高考语文试卷的感觉："我读了，非常吃力，首先是弄懂题目的要求就费了极大的劲，有的至今也没有弄得太清楚。这两大部分、六大项、三十五小题、十大页，据说有一万五千字的标准化的考题，形成一种无法抗拒的力，要把我的思维强行纳入某一种固定的、不可置疑的、钢性的模式中，进而控制我的心灵；我感到生命的窒息，陷入了莫名的恐惧与痛苦之中。"北京师范大学教授童庆炳用了一个半小时才看完一份高考语文试卷，并断言自己考不及格。扬州师范学院中文系教授顾黄初为孙子答语文题，结果老师给打了个大叉。南京大学中文系教授程千帆在《语文报》上撰文说，如果让自己参加高考，肯定是考不上大学的，特别是做语文卷，得不了多少分。著名作家余秋雨说，自己面对高考作文题，花两三个小时也不能够成篇。另一著名作家贾平凹也叹息说，如果让他来当语文教师，那么，经他辅导的学生没有一个能考上大学……

若说教授、作家是做学问、搞研究创作的，对高考试卷不熟悉，应试能力不高情有可原，那么，中学语文教师怎么样？他们都是大学毕业，整天和高考试卷打交道，应该错不了吧？错！高水平的中学教师动手答题只得 60 多分的大有人在。在实际教学中，面对大量的试题，其实教师们自己也有不会做的，他们一般都是先看答案再去为答案找理由。

也许有人怀疑，难道真的如此吗？我以自己亲身的经历作证——的确如此。我于 1966 年小学毕业，因为"文革"失去了读中学的机会，是靠自学成为中学语文教师的。我学习语文没有什么诀窍，就是多读、多写，我的学生或是别人问我，我都是这么说。虽然这有点陈词滥调，但我的确就是这样获得一些应用语文的能力的。说到读，我没有一天不拿书本；说到写，我几乎天天记日记，在报刊上已发表论文、散文近百篇。说到应用语文的能力，我不敢自鸣得意，但多少有一些自信：我不是那种天桥的把势——光说不练的语文教师。可是，高考语文试卷总是无情地粉碎我的自信，面对试题，我痛感自己的无能——总有一些题做不出，总有一些题做错。对自己的语文能力的不自信一度导致了我对自己一贯坚持的语文教育理念的怀疑——我已经不敢要求我的学生多读、多写了，就绝大多数学生而言，他们读得再多、写得再多，（在做学生期间）还能超过我吗？既然我自己都答不好这张试卷，还能指望学生靠多读、多写答好这张试卷吗？

《夹缝中求生存》一文中把这种情况归结为学者、教授、教师们的“知识衰老”，但我认为恐怕不足为凭。我想，这里面一定有一个结，如果我们能够解开这个结，也许就能对语文教育的规律有进一步的认识。

(2) 有应试能力而缺乏应用能力

每天在题海中“扑腾”的学生，往往只有应试的知识和能力，而缺乏应用语文的能力，主要表现在以下几点。

第一，文字功夫差。学生可以在试卷上做阅读题，但是，让他们读阅读材料却结结巴巴读不下来；学生在试卷上能够改错字病句，但提笔写作时却是满篇的错字和病句。以致有人讽刺说“人像研究生，文像中学生，字像小学生”，有人还撰写对联：“无错不成文，病句错句破残句，句句不堪入目；有误方为篇，别字错字自造字，字字触目惊心。”

第二，文章质量差。学生的文字功夫这样差，文章的质量好得了？某理工科学院曾对学生进行 1500 字文章的写作测验，其中 44%学生写得词不达意。某中专学校的教师带 10 名学生去劳务市场求职，有 8 人不能用准确精练的语言向用人单位介绍自己及回答考官提出的问题。

第三，失去了应用语文的欲望。文字功夫差，文章质量差，即失去了应用语文的能力，但这还不是应试语文最糟糕的后果。应试语文最糟糕的后果是使受教育者失去了应用语文的欲望。

① 没有了阅读的欲望。阅读是对语文最基本的应用，阅读习惯是良好的学习习惯中一种最基本的习惯，应该说，学习了语文之后，最迅速、最直接的反应就是能够阅读、有兴趣阅读。可是现在很少有人有阅读习惯了，他们学完了语文却放弃了对语文的这种最基本的应用。

现在，很少有人肯买书读，也很少有人借书读，就连教师甚至语文教师，也很少有读书的。余秋雨在题为《老师》的散文中提到，他中学时的语文老师穆尼有许多书，“那是一个近似图书馆的收藏”，“他藏书不是为了著书立说，只是为了备课，备好一节节的中学语文课”。可是，现在像穆尼那样的老师太少了。相反，有一些教师，除一本教材、一本教参外，再无其他“书当”。

语文教师不读书，恐怕有两个原因：一是应试的语文教育不需要教师多读书，二是应试语文教育紧张的教学活动使教师没有时间读书。请看一个高三语文教师的日程安排：6 点起床，赶往学校组织早读，途中买早餐；上午连上四节课，课间解答学生的提问；下午批阅试卷，期间有家长打电话询问学生的学习情况；6 点 30 分下班回家；晚上要准备明天的课程，批改作业，直至深夜（有的学校要求教师晚自习也要到校到班）……安排得这么满，哪有时间读书？某教师称自己把大量的时间都用在了重复性的低效劳动上，自己没时间充电，别说课外书，就连教育名著、教育期刊都不怎么读。

那么有时间也不读书的人们在干什么呢？打牌搓麻侃大山，看电视玩电子游戏。解思忠教授在《国民素质忧思录》一书中告诉我们，国外将不读书学习只看电视、唱卡拉 OK、玩电子游戏机称为“文弃”，即认为这是一种反文化现象。可是，我们对此似乎并没有足够的反思和警惕。

② 没有了写作的欲望。写作是语文高层次的应用，需要更大的兴趣和更高的水平。诗人洛夫曾为《阅读与写作》题词：“写作可能是痛

苦的，但阅读绝对是一种快乐。”一个人总要先有能力阅读，才可能有能力写作。

没有阅读的欲望，是因为应试的机械训练练倒了人们阅读的胃口。没有写作的欲望除了同样的原因外，还有一条更重要的原因，就是应试的写作题目都是出题人预设的，并不是来自学生对生活的真实感受。长期进行这样的作文训练，学生就会变得神经麻木，感觉迟钝，再不能被生活感动，也不能从生活中产生感悟。一旦不再给他们题目和要求而是给他们自由，他们反而不知道该写什么、该怎么写了。这正如一只长期关在笼子中的鸟，已经习惯了被喂养，一旦打开笼子让它们自由飞翔，让它们自己去觅食，它们反而不知道怎样飞，更不知道到哪里去觅食了。

不要说别人，还说教师，并且就说语文教师吧！语文教师应该说是语文水平较高的一个群体，可是这部分人中又有多少有写作的欲望，愿意主动写作的？一直以来总有人强调语文教师要写“下水作文”，不就是因为语文教师平时不主动写文章吗？不用说文学创作，就算是教研论文，如果不是评职称需要，有多少人会主动去写？也不说教研论文，写作的最低层次是记日记，又有多少语文教师有记日记的习惯呢？

从事语文教育的语文教师都缺乏甚至没有阅读和写作的欲望，更不必说其他人了。到了这一步，应试的语文教育便彻底地走到了语文教育的反面——通过语文教育使受教育者甚至是教育者疏远了语文、厌倦了语文、放弃了语文。行文至此，我身为语文教师，真有如《水浒传》中武松走上景阳冈“回头看这日色时，渐渐地坠下去了”，禁不住毛骨悚然，如金圣叹所批“我当此时，便没虎来，也要大哭”。

在应试的语文教育下，有没有应试能力和应用能力都很强的学生？当然有，但那是少数甚至是个别现象，而且这种学生的应用能力另有来源，绝非应试教育的功劳。何况“个别不能代替一般”，如果有谁想以此证明应试语文教育是成功的，那正如以中头奖做例子来证明买彩票也可以发家致富一样。

如此说来，应试的语文教育可说已是“过街老鼠，人人喊打”，应该赶快以应用的语文教育取而代之，但现实是应试的语文教育“愈演愈烈”。只要看看书店里的教辅用书就知道了。现在的教辅用书，在一般的书店里都设有专柜，还有的书店专营。我在我们旗政府所在地新惠镇做了一个调查。镇内共有大小书店 9 家，其中国营新华书店 2 家，个体书店 7 家。教辅用书在书店中所占的比例：新华书店一店占三分之一，新华书店二店占四分之三；个体书店中，除 1 家书店因兼营租书业务没有多少教辅用书外，其余均以经营教辅用书为主，其中有 2 家专门经营教辅用书。据我所知，学校中学生所用的教辅用书并不从书店购买，而是另有渠道。教辅用书在图书市场中所占的份额，于此可见一斑。这些教辅用书多是应试训练，不但科科大考，而且课课大考，比如语文，每篇课文都有一大张试卷。这些应试训练头上都戴着一顶漂亮的“帽子”：你提倡素质教育，它就说它是素质教育的训练；你提倡创新教育，它又说它是创新教育的训练。其实它什么都不是，它就是应试教育的训练。

为什么会这样呢？一言以蔽之：因为需要，需要决定一切！

社会有许多行业，每个行业都需要精通专业的人。这就需要选拔。哪些人具有较高的素质，具有较高的专业水平，这就需要通过考试来甄别。有没有比考试更好的办法？过去没有，现在也没有。没有哪一种方法能比考试更简单、更便捷、更公正——能在最大限度上排除人情的干扰。所以，从国家的角度讲，尽管考试有诸多弊端，但是没有考试是绝对不行的。考试不但不能废除，其范围反而有扩大的趋势。不只是升学要考试，就业也要考试；不只是在学校要考试，走向社会也不一定就能走出考试的阴影——想当律师要考试，想当教师要考试，想当公务员也要考试……考试，几乎成了一个人改变生存现状、实现人生理想的必经之路。既然考试如此重要，哪个学校敢不重视？哪位家长敢不重视？哪个学生敢不重视？正如梁实秋所说：“考试的后果太重大，所以大家都把考试看得很认真。”曾经有句流传得很久也很广的话：“考考考，教师的法宝；分分分，学生的命根。”这话其实并不精确。考，不但是教师的法宝，更是国家的法宝；分，不但是学生的命根，更是所有人的命根。

如果有考试，如果考试的作用又非常大，大到可以决定一所学校、一个家庭、一个人的命运，那就一定会有应试教育——考试就会成为教育的目的，考试的内容就会成为教育的内容，考试的方法就会成为教育的方法……如此，要想以应用的语文教育取代应试的语文教育也就成为一件不可能的事。有人不死心，非要尝试一下，淮茗在《僵化的应试教学误尽苍生》一文中告诉我们，他“希望在有限范围内有所作为。于是煞费苦心地让学生练习办报，组织他们读书、演讲、辩论、办讲座”。但是，有一天，学生却直言不讳地告诉他，他的“课确实好听，有收获，但不适合考试，所以并不受欢迎”，而事实也一再证明，每次考试，他所教的班级平均成绩总在中下。

总而言之一句话：要不要考试？要。考试有没有更好的方式？没有。那恐怕就没什么可说的了，练吧！

当然，只搞应试的语文教育，不搞应用的语文教育更不行。学生毕业或升入大学后，应试语文那一套基本上就没有用了。很多大学老师在第一天给中文系学生上课时会这样说：“把你从前所学的，全部扔掉！”有的学生在中学时代就感到自己除了考试什么都不会。只有应试的语文能力，没有应用的语文能力，这样的语文教育是要不得的。

那么这两种语文教育能不能统一起来？恐怕不能，因为这两种语文教育有着各自的运行轨道。那么能不能用其中的一种语文教育代替另一种呢？恐怕也不能。因为如上所述，这并不取决于语文教育，也不取决于教育，而是取决于社会，取决于社会的用人模式。只要社会的用人模式不变，只要考试对社会的用人还起着决定性的作用，应试教育就不会退出历史的舞台。所以，在今后的很长一段时间内，应用与应试这两种语文教育还要“各走各的路”，谁也代替不了谁，谁也不能统一语文教育的天下。我们要做的、能做的，只是尽可能把这两者兼顾起来。至于如何兼顾，脱不了以下三个途径：毕业年级以应试训练为主，非毕业年级以应用实践为主；课内学习以应试训练为主，课外学习以应用实践为主；在应试训练（包括试卷）中渗透应用实践的因素，在应用实践中渗透应试训练的因素。如此坚持下去，或许有一天，百川归海，万岳朝宗，这两种语文教育会合而为一。到那时，我们的语文教育，我们的教育，甚至我们的社会，才能说是真正成熟了。

但愿这一天来得不会太晚！

现实的苍凉

——民国时期和当代两篇作文的比较

新课程改革正如火如荼地进行着，但语文教学却涌动着复古的暗流。不仅有人倡导“回归传统”“本色语文”，而且有人鼓吹读经，有人办私塾。现在，民国时期的老教材、老作文又都大受欢迎，这似乎有点黑色幽默的味道。

孙志毅老师受命编写内蒙古自治区的教育志，从包头淘得民国时期的小学生作文三篇，承他不弃，惠寄给我。我曾在网上读到的民国时期老作文，都是南方学生所作，如那篇佳评如潮的《春郊游记》，便是广东番禺三区南田小学卢焯坡之作。于是，我便以为南方钟灵毓秀、人文荟萃，因此小学生作文也写得好。这次读到孙老师寄给我的小学生作文，我一读之下，惊诧莫名，没想到我们大青山下苦寒之地的孩子们的作文，比之他们南方小伙伴的作文，亦毫不逊色。

向往过去，往往意味着对现实不满。那么，这三篇作文有什么优点呢？现在的作文与之相比有什么区别呢？让我们拿其中一篇《我的学校》与现在的一篇同题作文比较一下。

先评点一下民国时期的这篇作文，原文有孙炳老师的评语——“气充词沛，识高瞩远”。

我的学校

郭崇仁

【批：寻常题目，亦为今之小学作文入门之题。此类题目撰写易而写好难，极易成“古久先生的陈年流水簿子”而难有自家面目及高远立意。然孙老师评此文章“气充词沛，识高瞩远”，足见其不同凡响。如此，且慢慢读来。】

我的学校名为包头市立第一小学，有很悠长而光明的历史，久为社会所称道。【批：开头介绍校名，平平。但既是介绍学校，就不得不如此，亦不能不如此，如《红楼梦》“芦雪亭争联即景诗　暖香坞雅制春灯谜”一回中凤姐的起句“一夜北风紧”。继以“悠长”“光明”写学校历史，实写学校性质，此着眼于内；又以“久为社会所称道”写学校在社会中的地位，暗示学校的现实，此着眼于外。这两个小分句预做铺垫，领起全文，显示本文重点不在学校外观，而在学校内涵，“识高瞩远”已见端倪，且“久”扣“悠长”，“称道”点“光明”，针脚细密，可称先声夺人。】

校址在文昌庙十字北口路西，校门向东，前后两院。【批：介绍学校方位。后两小句是四字句，简练。若今人写之，必是“学校的大门是向东开的，前后有两个院子”，字数多了一倍，信息量却并未增加。从简练的角度比较，高下立判。】全校分十班，有学生四百余名。【批：介绍班级学生，简练。】房屋高爽，空气新鲜，光线充足，校具完备，绝少尘俗之气。【批：概括介绍学校总体情况，以四字句为主。前四小句全是四字短语，最后一小句六字，也含一四字短语在内，文字简练而节奏感极强，充分体现了汉语的韵律美。这些四字短语层层推进，如中国画之反复皴擦，“气充词沛”实至名归，这个特点贯串全篇。而小小年纪，已知“尘俗之气”且鄙夷之，与民国时期另一篇学生作文——广东番禺三区南田小学江炳崧的《夜月采莲记》中“携莲一枝，置诸瓶内，以驱尘俗”有异曲同工之妙。学校之内涵在人，即师长学生，学校历史之是否光明，未来之能否灿烂，乃至“尘俗之气”的有与无、多与少，无不取决之，以下便重点写人了。】校长、教员，学识宏博而富有经验，都能以身作则，循循善诱，那种苦口婆心的态度，令人钦佩万分。同学们对师长非常恭敬。他们对学生的训练非常严格，以故学生品行俱循循有理，成绩优良。【批：由物到人。先叙师长，次叙学生，师生对举，又多用成语及四字短语，“气充词沛”与“识高瞩远”兼而有之。惜“他们”指代不明。以上着眼于历史和现实。】从此我们学生刻苦自励，发愤读书，将来献身于社会，做些惊天动地的事业，才于我们学校有光呢！【批：结尾由面到点，结合自身，表达了自己的志向及对未来的憧憬；仍恰当地运用成语和四字短语，并与开头遥相呼应，“识高瞩远”与“气充词沛”又兼而有之。】

【总评：本文多用成语及四字短语，言简义丰。重点不在学校外观而在学校内涵，不在物而在人，匠心独具。年龄虽小，行文却具大家气象，孙炳老师之“气充词沛，识高瞩远”，确是实评，佳弟子必有名师也。】

再看看当代的这篇作文，原文无评语。

我的学校

吴鹏远

我的学校——廉江市第一小学，是广东省一级学校，现代教育技术实验学校，位于美丽的九州江畔。这里气候宜人，环境优美，是个学习的好地方。

当你踏进校门，首先映入眼帘的是一座雄伟的升旗台。银白的旗杆上，鲜艳的五星红旗迎风飘扬。升旗台的周围，美丽的杜鹃花特别引人注目，叶子经过雨水的冲洗，绿得发亮，显得格外有神。一簇簇火红的花儿，像燃烧的火苗，随着风儿跳动着。

走进校园，就像走进了公园一样。校园里绿树成荫，鲜花怒放。校道旁边的大榕树，像一把把撑开的绿色雨伞。课间时，同学们在这里尽情地嬉戏玩耍。教学楼前，摆着一盆盆盛开着的鲜花，五颜六色，给校园增添了无限的春光。最美的是学校的艺术长廊了，透过橱窗，可以看到同学们精美的书法和图画。这里每天都吸引了许多家长、小朋友来观赏，这是我们的光荣。

我为我能在这样美丽的学校里读书感到自豪，我爱我的学校。

现在比较这两篇作文，看看有什么不同。

应该说，吴鹏远的《我的学校》也是一篇不错的作文，层次清晰，文字也比较优美。但不得不说，与郭崇仁的作文相比，差异较大，差距也较大。

首先，吴文中的成语和四字短语比较少，只有“引人注目”“绿树成荫”“气候宜人”“环境优美”“鲜花怒放”“嬉戏玩耍”这几个，不够简练，不够言简义丰，也就不够“气充词沛”。现在的人写文章，很少有能熟练运用成语的了。我国著名书法家祝嘉评某些人写字，说他们连一笔“兰亭”都写不出，还谈什么书法？写文章不会用成语，就像写书法没有“兰亭”笔意，文章自然就落了下乘。这造成了两种不同的语言风格：郭文有文言的余韵，吴文则是典型的现代语体文的面貌。

其次，吴文堕入了俗套，只着眼于学校的外观，没有涉及学校的内涵，即没有突出“学校”的特点，没有突出“学生”写自己学校的特点。这样写学校，与写花园没有区别，与一个陌生人写这所学校没有区别。小作者虽是这所学校的学生，但并没有融入这所学校，并没有真正深入地了解自己的学校，所写的只是学校的皮毛，而没能做到“识高瞩远”。

因此，这两篇文章给人以不同的印象：郭文丰腴，吴文枯瘠；郭文厚重，吴文轻飘；郭文是醇酒，吴文是白水；郭文是校长报告，吴文是学生发言；郭是学养深厚的学者，吴是舞文弄墨的文艺少年。

虽然文无定法，不能说写《我的学校》就一定得写成郭文那样。但就文论文，这两篇文章的高下仍是有目共睹的。

这不仅是两个学生的对比，更是两个时代的对比，是两个时代的语文教育的对比。

对比的结果是当代的语文教育落了下风——这是我们不愿承认又不得不承认的现实。这现实不禁让我们感到一股苍凉。

简约之美

——谈汉语的特点

我们的母语是汉语，我们的语文教育的功能之一就是使学生体悟到母语的特点和母语的美，从而激发学生对母语的热爱及学习母语的兴趣。

那么，汉语的特点是什么？汉语美在哪里？

我想起了余秋雨《霜冷长河》中的那篇《绑匪的纸条》。文中写一个撕票杀人的绑匪，因为一个纸条而露出马脚，最终被绳之以法。那个纸条是他写给被害人家属的，内容是“过桥，顺墙根，向右，见一亭，亭边一倒凳，其下有信”。余秋雨评论：“写这张纸条的罪犯……竭力想把句子缩到最短，减少信号量，但他忘了，文字越简缩越能显现一个人的文化功底。”“这个句子读起来既有节奏又有音韵……是长期读古文、写旧体诗的习惯的自然流露……时至今日，能有这般表述本能的人已经不多……”破案的结果，罪犯是一个大学教师。

余秋雨的话有三层重要的信息，值得我们深入思考和讨论：一是“文字越简缩越能显现一个人的文化功底”；二是简缩的文字“是长期读古文、写旧体诗的习惯的自然流露”；三是“时至今日，能有这般表述本能的人已经不多”。

文字简缩就是用尽可能少的文字表现尽可能多的信息（当然表意也要明白而不能晦涩，否则便是苟简），这就涉及汉语书面语言的特点。

汉语的书面语言，即中文，以简约为特点，以简约为美。简约，即简洁扼要，词少意多，也就是余秋雨所说的“文字简缩”。简约又衍生出厚重、丰腴、隽永等表达效果，这就是简约之美。

这种现象与汉字有密切的关系。汉字是表意文字，笔画繁多，不易书写，特别是在商周时期，甲骨金文，刻铸尤难，文字求简，自在情理之中。同样，因为汉字表意，即使简约，仍能达意，且别有韵味在。作家伍立杨说：“汉字的奇特在于寓丰富于简约。”语言学者申小龙在《语文的阐释》一书中也说：“汉语是一种非形态语言，汉语的语词往往言简而意赅。汉语的行文也讲究辞约而意丰。”

简约表现在语词上，就是要精当，要精心锤炼，以少胜多，能用一个字表达得明白生动的，就不用两个字。《朱子语类》中提到欧阳修写《醉翁亭记》时，“初说‘滁州四面有山’，凡数十字；末后改定，只曰‘环滁皆山也’五字而已”。

简约表现在句式上，就是多短句，多非主谓句、省略句。余光中在《论朱自清的散文》中说：“中文句法负担不起太多的前饰形容词，古文里多是后饰句，绝少前饰句。”他还举例说，《史记》中的句子“广为人长，猿臂，其善射亦天性也”，是“典型的中文句法，原很松动，自由，富于弹性”。如果欧化成前饰句“李广是一个高个子的臂长如猿的天生善于射箭的英雄”，“就变得僵硬，死板，公式化了”。启功在《汉语现象论丛》一书中引了一段翻译外国语句而来的句型：“我正在那张上边堆满书籍笔砚下边放着破烂箱子三条腿整齐一条腿残缺用碎砖支着桌面倾斜成三十度的旧书案上写字。”他认为古代汉语的句型以短句为主，现代汉语中这种喘不过气来的句式，古代汉语中绝不能有。著名学者董桥也说：“造句最基本是练习造短句子，尽量不要把几个意念穿插成又臭又长的梦呓。”

语词、句式的简约，形成了古代汉语的特有现象——言文分家。言即口语，文即书面语即文言，言繁而文简，言浅而文深，言俗而文雅。本来言文之间有一定区别是普遍的规律，但闹到分家的程度似是中国人运用文字的特有现象。汉魏以后，纸笔完善，写字相对较易，白话文学也产生、发展、成熟着——从南朝的《世说新语》，到隋唐的敦煌变文，宋代的语录话本，元代的杂剧，明清的白话小说——但始终不能撼动文言文的主流地位。在中国古代书面语言中，文言是夫人，白话始终是妾媵。

简约在篇幅上的表现，就是短小。古文往往言简意赅，很少长篇大论。像总结六国灭亡的经验教训，现代人写起来总得几千字，但苏洵的《六国论》仅仅六百多字。不过，篇幅不在我们讨论的范围之列。

在某种程度上说，语言是不能翻译的。一种语言翻译成另一种语言，一定会丢失许多宝贵的东西。英汉语的互译便是如此。据说，美国作家赛珍珠当年翻译《水浒传》，将花和尚鲁智深译为 Priest Hwa（花牧师），将母夜叉孙二娘译为 Night Ogre（夜间的怪物），都失去了原文的神韵。文言文翻译成语体文也如此。张中行在《文言津逮》附录二中指出，文言文有它特有的"味道"，"达意容易，兼顾味道就太难了，也许根本做不到"，"有些幽渺之情难于确认，意不清，翻译对了自然就很难。另一种是，意思拿得准，或只是依原文照猫画虎，可是翻译过来常常不能如意。举例说，把'凌波不过横塘路，但目送，芳尘去'（贺铸《青玉案》）译成'脚步不走过横塘的道路，只是看着香的尘土离开'，念念，就会感到现代语太质实，难于蕴含诗意"。伍立杨在《语文忧思录》一篇名为《骸骨的迷恋》的文章中也曾把文言和白话做过比较，他说："像'昔年移柳，依依汉南；今看摇落，凄怆江潭；树犹如此，人何以堪'。（……树木都如此经不起折磨，脆弱的血肉之人，又怎么得了啊!）若译成白话，意思也是明白的，但从文字语言而来的心境、幽思、美感却起码失落了一半。"失落的那一半就是简约、厚重、丰腴、隽永的感觉。

汉语从文言到白话，我们得承认是一种进步，但这进步不应以丢掉汉语的简约特点为代价。所以白话文也应该简约，也能够简约。

白话文若要具备简约、厚重、丰腴、隽永的特点，就要在大家都能读懂的前提下努力压缩文字，用词和句式就免不了要受文言的影响，保留一些文言的韵味。

古代的白话与文言的关系更为密切，文言的韵味也就更浓一些，所以，古代的白话不失简约的特点。六朝时刘义庆的志人小说《世说新语》虽是文言小说，但其中有不少口语，亦可看作是中国古代白话小说的滥觞。《世说新语》的语言成就极高，简约含蓄，隽永传神，大受后人称赞。明代学者胡应麟在《少室山房笔丛》中对其评价说："读其语言，晋人面目气韵，恍惚生动，而简约玄澹，真致不穷。古今绝唱也。"鲁迅曾把它的艺术特色概括为"记言则玄远冷隽，记行则高简瑰奇"。"简"和"隽"是《世说新语》语言的两大特点。随便举个例子："王子猷居山阴，夜大雪，眠觉，开室命酌酒。四望皎然，因起彷徨，咏左思《招隐诗》，忽忆戴安道。时戴在剡，即便夜乘小船就之……"文字明白如话，但又与说的"话"有明显的区别，"简""隽"俱备。有人将《世说新语》的这一特点称为"熏人欲醉的魏晋酒香"。

这一缕酒香又如《赤壁赋》中的箫声，"余音袅袅，不绝如缕"，千载而下，代有传承。古代就不必说了，即使在现当代，亦偶有孑遗，或全篇，或片段。

吴伯萧散文《灯笼》："雪夜驰马，荒郊店宿，每每令人忘路之远近。村犬遥遥向灯笼吠了，认得了是主人，近前来却又大摇其尾巴。"这是吴氏早期的散文，其后，特别是新中国成立后，则政治味浓而简约隽永的风格不再，可惜可惜。

董桥《语文小品录》中《春寒说酴醾》一篇："我平生读书不求甚解，涉猎虽杂，过目即忘，草率可知。春寒无聊，为花小做考证，一乐也。"董桥学养深厚，《语文小品录》共十集，全是咬文嚼字之作。他并未刻意追求某种风格，信笔为之而风格自在，可谓"看似寻常最奇崛，成如容易却艰辛"。

余光中散文《鬼雨》："月食夜，迷路的白狐倒毙，在青狸的尸旁。竹黄。池冷。芙蓉死。"余氏惯用手法是将密集的意象叠加，这像不像影视中快速闪动的蒙太奇镜头？

女作家简媜《浮在空中的鱼群》中《典雅》一篇："迩来雨多，茅屋又新破，且戴一笠，去访邻家老叟。"简媜行文，古白话韵味甚浓，这几个小句，像不像古代白话小说？

张阿泉散文《灯窗小识》："严寒的日子，喜欢傍炉聊天。一次，与二三知己夜话，谈到风生处，煮老酒，弄长箫，哼蒙古牧歌，忘乎所以。过子夜，见亮色盈窗，乃披衣相呼至中庭，月出东山坳，清辉遍洒，极让人动情。吾等诗心大发，高声诵先人张若虚名篇，徘徊许久不归，完全陶醉于这苍凉而古典的月光。"阿泉是内蒙古赤峰人，毕业于四川大学中文系，他对《世说新语》推崇备至，行文也追求简约隽永的风格，前引"熏人欲醉的魏晋酒香"的话，便是出自他口。

楚楚《行走的风景》中《唯有幽人自来去》一篇："断续屐痕如孔，雕它成百孔之笛……大雨将至，那人，可有一件蓑衣？"楚楚曾编《台港文学选刊》，《行走的风景》是该刊封底的配画散文诗，集柔婉与老辣、简约与细腻、时尚与古典为一炉，确为该刊一道亮丽的风景。

还有的作家在用纯粹的白话写文章时，因为表达的需要，也偶然穿插具有文言风格的句子。最典型的是汪曾祺《胡同文化》的结尾："北京的胡同在衰败，没落……西风残照，衰草离披，满目荒凉，毫无生气。"其京腔京韵中忽现古色古香。余秋雨的文章本以精警绵密见长，但《沙原隐泉》中却有这样的白描："树后有一陋屋，正迟疑，步出一位老尼。手持悬顶佛珠，满脸皱纹布得细密而宁静。"其词句疏朗如冬日的一株树。

汉语既以简约为美，将外国文字翻译为汉语，也应以具备简约特点为上。台湾学者夏济安翻译得简约而有神韵，如译美国作家欧文《西敏大寺》第一段："时方晚秋，气象肃穆，略带忧郁，早晨的阴影和黄昏的阴影，几乎连接在一起，不可分别。岁将云暮，终日昏暗，我就在这么一天，到西敏大寺去散步了几个钟头。古寺巍巍，森森然有鬼气，和阴沉沉的季候正好调和。我跨进大门，觉得自己已经置身远古，相忘于古人的鬼影之中了。"董桥盛赞其"令人叹服"。

可是，由于种种原因，汉语的特点问题并未引起语文学界、语文教育界的重视。我们的语文教育没能使学生体悟到母语的特点、母语的美，没能激发学生对母语的热爱及学习母语的兴趣，这不能不说是语文教育的最大失败。

古典的魅力

——语文教育的文、白之争

余秋雨在《绑匪的纸条》中指出，“文字越简缩越能显现一个人的文化功底”，因为简缩的文字“是长期读古文、旧体诗的习惯的自然流露”，所以，能写出简约的文字的人，一定是长期读古文，甚至能写文言文、写旧体诗的人。而这涉及语文教育中的文、白之争——文言与白话的优劣之争。

语文教育的文、白之争主要表现在教材上——是文言教材好，还是白话教材好。

教师、学生和教材是教育的三要素。一般来说，教师是知识的传授者，学生是知识的接收者，教材是知识的载体。具备了这三个要素，教育就可以进行。作为知识的载体，教材决定了学生学习什么知识，学习什么样的知识，甚至，决定学生做什么样的人。也可以说，有什么样的教材，就有什么样的教育，教材的作用大矣。

语文教材又有它的特殊性：它不但承载着知识，还承载着文化，承载着前人的思想情感；它不但以知识丰富人，还以文化熏陶人，以思想教育人，以情感感染人。但这些还并不是语文教材的本质作用，语文教材是训练学生运用语言表达思想感情的范本，其本质作用是供学生借鉴模仿，能使学生了解、掌握思想情感是怎样用语言表达的，以及可以用什么样的语言表达出来，相当于理科教材中的例题。

这样，语文教材的重要性就表现在拿什么做课文让学生借鉴模仿。

孔子云“取法乎上，仅得其中；取法乎中，仅得其下；取法乎下，其下下矣”，俗语云“种瓜得瓜，种豆得豆”“种芝麻出不来谷子”。要写出简缩的文字，即简约隽永的文章，就得让学生“长期读古文”甚至要“写旧体诗”，那么，语文教材就应该以文言文（含古典诗词，下同）为主。

我国古代教材都是文言文。

传统语文教育分为“小学”“大学”两个阶段。“小学”为十五岁之前，相当于现在的小学和初中，即基础教育阶段。“小学”的主要任务是识字、写字，学习目标是输入信息，积累语汇，丰富思想；教材是《三字经》《百家姓》《千字文》《千家诗》等蒙学读物及“四书”“五经”的正文。“大学”为十五岁之后，相当于现在的高中、大学阶段。这个阶段以学文章为主，学生开始深入攻读典籍，并结合注疏继续学习“四书”“五经”，还要读《左传》《国语》《资治通鉴》之类的史书，读唐宋八大家的古文，读《古文观止》之类的文选型教材及诗词歌赋等文学作品。鲁迅的《从百草园到三味书屋》中写学生读书：“有念‘仁远乎哉我欲仁斯仁至矣’的，有念‘笑人齿缺曰狗窦大开’的，有念‘上九潜龙勿用’的，有念‘厥土下上上错厥贡苞茅橘柚’的……”（引文依次出自《论语》《幼学琼林》《易经》《尚书》）清代文人郭臣尧的《村学诗》写私塾学生读书：“一阵乌鸦噪晚风，诸生齐逞好喉咙。赵钱孙李周吴郑（出自《百家姓》），天地玄黄宇宙洪（出自《千字文》）。《千字文》完翻《鉴略》（一种历史蒙学教材），《百家姓》毕理《神童》（《神童诗》）。就中有个超群者，一目三行读《大》《中》（《大学》《中庸》）。”这些都形象地为我们展示了旧时蒙学教材的使用情况。

文言教材有什么好处呢?

第一，它具有浓缩性。一是文字简约：“融四岁，能让梨”，六个字讲述一个故事；“孟轲敦素，史鱼秉直”，八个字写出两个人物。二是篇幅简短：《三字经》共一千多字，《千字文》顾名思义就是一千字，当时的一本教材只相当于现在一篇千字左右的文章；《论语》不足九千字，《孟子》不足一万五千字，当时的一本书只相当于现在的一篇政府工作报告。因此，文言教材都便于诵读、识记。

第二，它具有丰富性。因为信息高度浓缩，教材的内容就空前丰富。如《三字经》《千字文》都融会了各方面的知识，《幼学琼林》分门别类，更相当于一部微型的百科全书。文言教材就是这样有效地利用了儿童机械记忆的黄金时期，集中地、密集地为儿童输入了大量信息，为以后的阅读写作乃至做人都奠定了坚实的基础。

第三，它具有人文性。《三字经》开头“人之初，性本善”，涉及人性的善恶；《千字文》开头“天地玄黄，宇宙洪荒”，涉及宇宙的产生；《今古贤文》荟萃了大量为人处世的格言、谚语；“四书”“五经”是封建社会中政治伦理思想道德的总纲。连学生描红的字都是“上大人，孔乙己。化三千，七十士……”里面也承载着一定的文化信息。

第四，它具有典范性。不论是“四书”“五经”，还是《左传》《国语》《古文观止》《唐诗三百首》，教材中所选内容都是遴选出来的经典，是承载着中华民族文化、思想、艺术的精华。

可以这么说，传统教育中儿童学习的教材，是现在大学生、研究生，甚至是专家学者们学习研究的东西，这使得文言教材大都具有背诵的价值。以这样的教材作为学生学习的内容、借鉴模仿的对象，发而为文，自然就会具有深厚的文化底蕴，自然就能具备简约的语言特点。

当然，文言文也有缺点，就是它不够通俗，理解、运用都有一定难度，因此不易普及。于是，到了晚清，人们就把国家贫弱的账记到文言文的头上，以为是文言文屏蔽了民智。如陈子褒就认为，要改革就要“开民智，而开民智莫如改革文言”。胡适则说：“文字的功用在于达意，而达意的范围以能达到最大多数人为最成功。”所以，他主张弃文言而用白话，还说文言是死的文字，白话是活的文字。1919 年，全国教育联合会通过了《推行国语以期言文一致案》，明确提出“言文一致”的口号。所谓言文一致，就是书面语言不再用文言，也用白话，与口头语言一致。

如前所述，语文教材是学生模仿、借鉴的对象，既然书面语言已改为与口语一致的白话了，教材当然也应该采用白话文。1920年，北洋政府教育部先后发出训令通告，全国小学一至四年级国文教材改为语体文，“正其科目名称为‘国语’”，1923年，中学语文教材开始语体、文言混编，以语体文为主，这与现在的语文教材已非常相似了。至此，文白之争以白话对文言的完胜而告终。

但是，人们在享受了白话带来的通俗易懂的便利的同时，也痛失了一些宝贵的东西。

第一，相对于文言教材的浓缩，白话教材是稀释的。白话教材没有集中、密集地输入信息的阶段，短暂的集中识字后就是文选型教材。孔融让梨的故事，在《三字经》中是六个字，在白话的语文教材中就要稀释成几百个字。浓度与味道是成正比的，浓度越低，味道越淡。当一种语言把承载的信息毫无保留地明确地表达出来后，这种语言本身就像嚼干的蔗渣，没有什么味道了。简约的特点既然丧失殆尽，隽永的效果也就荡然无存了。

第二，相对于文言教材的丰富，白话教材是贫乏的。白话教材中的课文变长了，课本变厚了，但信息的稀释却导致了信息量的减少，一册书有三四十篇课文，不过是三四十个信息而已。而课文变长又不利于学生的诵读和记忆。“巧妇难为无米之炊”，输入是输出的基础，输入信息不足，导致学生的语文素质低下。

第三，相对于文言教材人文性的厚重，白话教材的人文性是单薄的。白话教材中的课文往往过分迁就儿童的特点，太过直白。同是入学之初的识字、写字，初期的白话教材是“大狗叫，小狗跳”，新中国成立后很长一个时期是“日月水火山石田土”，现在的人教版是“口耳目”，而《三字经》却是“人之初，性本善”，这能够相提并论吗？

第四，在典范性上，白话教材更无法与文言教材相抗衡。白话之与文言，恰似暴发户之与世家。暴发户纵然衣着光鲜，言谈总脱不了伧俗气；世家纵使衣衫褴褛，举止总透着一分雍容与华贵。文言教材凝聚的是千年的精华，而现代的白话还乳臭未干，且受先哲矫枉过正及欧化的影响而发育不良，用这样的白话作品做教材怎能具有典范性？即使是大名鼎鼎的朱自清，即使是他那些广为传颂的、被奉为经典而收入教材的作品，如《荷塘月色》《背影》《绿》等，在余光中看来，也“流于浅白、累赘”，遑论其他？语文教材中的不少篇章是编者自己编写的，如《开明国语课本》，是由叶圣陶编写、丰子恺手书并配画的，都是大家手笔，按说应该很精良。但我们看第十四课：“月亮出来了。天上也明亮，地上也明亮，像白天一样。”这也算是一首诗，但比之李白的《静夜思》“床前明月光，疑是地上霜。举头望明月，低头思故乡”，恐怕不能相提并论吧？

伍立杨在《语文忧思录》的《文字灵幻》一文中说：“文字的灵幻和魔力绝大部分来自文言……白话文历史短，积累薄，浅水而能负大舟？未之闻也。”缺乏人文性、典范性的白话教材，自然也就缺少识记、背诵的价值，不够借鉴、模仿的资格。

可以说，目前的语文教育质量不高，汉语简约的特点不能得到继承和发扬，白话教材难辞其咎。

更为严重的是，这样的语文教材不能有效地承载传统文化，于不知不觉中，隔断了传统与现代的联系，文言变成了外语（今人对文言的熟悉程度与外语近似，甚至不如外语），古代文献变成了外国文献，今人常常要靠译文一鳞半爪地去理解。

当然，文言文在理解和运用上确实有一定难度，但文言之难真的如蜀道之难，难于上青天吗？也不是。

就理解而言，张中行曾说：“我不同意学文言比学外语还难的说法，因为文言和现代语‘都是汉语’，只是有祖孙的不同。祖和孙是两个人，但是有血缘关系，直截了当地说，是两种语的词汇语法系统有血肉联系。中语和外语就没有这种联系。以我的一点经验为证，我第一次读《聊斋志异》是在小学中年级，开卷第一篇《考城隍》，字我认识，意思我懂，因为这同‘考学生’是一个类型。到高中阶段，已经学了三四年英文，碰到原本《双城记》，翻开试试，不成，这是因为两种语言没有血缘关系。还可以举个旁证，清朝有一位女作家，忘记名字了，据说是对着弹词听人唱识了字，然后广泛涉览，就通了。”

就运用而言，我国古代学生所作都是文言文。20 世纪 20 年代，白话文进入教材，但学生写作文仍是文言、白话并行。1925 年出版的胡怀琛著的《作文研究》，第八章《文言与白话》就专门讲怎样处理文言作文与白话作文的关系。到了 20 世纪 30 年代，不再要求小学、初中的学生写文言文，但要求高中的学生还要写文言文，1936 年修正颁布的《高级中学国文课程标准》规定的教学目标第二条就是“除继续使学生能自由运用语体文外，并养成其用文言文叙事说理表情达意之技能”。新中国成立后，文言作文才彻底被废止了。

那么，当时学生的文言作文成绩如何呢？据潘新和《中国现代写作教育史》一书介绍，“这一时期的写作教学也取得一定的实绩。学生所做的文章虽然还都是文言文，但有些还是言之有物，值得一读的”。

《文汇报》于 2011 年 3 月 3 日发表了一组民国时期小学生的文言作文，共 8 篇，篇篇精彩，可为佐证。如广东番禺三区南田小学卢焯坡的《春郊游记》：“某月某日，校中放假。课余在家，殊无聊赖。闻街外有卖花之声，遂知春日已至。披衣出外，不觉步至山下，牧童三五，坐牛背上，吹笛唱歌。再前行，青山绿水，白鸟红花，杨柳垂绿，桃梅堆锦。仰望白云如絮，俯视碧草如毡。见有茅亭，乃入座。未几，炊烟四起，红轮欲坠，乃步行而回。就灯下而记之。”今人评：“文字如此优雅，描写如此生动，对偶恰到好处。”

即使是小学生的日记，也都可圈可点，如下面这篇摘自 1907 年

《龙门师范学校附属小学校杂志》第1期的刘正芳日记："吾自校归，见一儿大哭不已，或曰：受数儿侮辱故也。余叹，中国犹此儿也，英法德美诸国犹彼数童也。虽然，儿童受侮，尚可申诉于己之父母，以责数儿之非。今中国受侮与英法诸国，将申诉于谁哉？无已，只有申诉于我少年。我少年安敢不勉。"由小儿受侮类比联想到国家受侮再联想到自身的责任，可谓小中见大，且词意畅达，语气充沛，识见高远。日记如此，作文可想而知。

可见，只要教育得当，十岁左右的小学生就能写出浅近清通的文言文，表现出一定的文学功底。

若文言文都能写得，写简约一点的白话文还不容易？叶圣陶认为，"学生要学写的是近代文言（也可以叫作普通文言或应用文言），不是古文言"。这与我们提倡的简约的文字已经十分接近。而由浅近的文言到简约的白话，似乎应该是写作在语言训练方面跋涉的旅程。胡怀琛在《作文研究》中说："我的理想，是要将文言渐渐地变为一种极浅近的文言，几乎和白话相似。一方面将白话提高（所谓提高，就是省去冗繁之字，归于简便），使文言白话，并为一物。那时候，文言白话的名词，便可以取消了。"

而在语文教育实践中，一些有识之士鉴于白话教材的弊端，敢于逆历史潮流而上，弃白话而就文言，且结果并不像提倡白话者所推论的那么坏。海外诗词研究名家叶嘉莹女士的父母，认为儿童记忆力好，应读有价值和意义的古书，而不必去小学读"大狗叫，小狗跳"之类浅薄无聊的语文。因此叶嘉莹幼年时并未入小学，而是由家里聘家庭教师，教学语文、算术和习字，语文学的是《论语》及吟咏背诵诗词，这使她在以后的为人治学中受益无穷。她能文言，工诗词，撰写诗学、词学、论著自然深得简约三昧，似庖丁解牛，游刃有余。如她在《我的诗词道路》一书中的句子："其后苏辛二家出而词之意境一变，遂能以词之体式叙写志意，抒发襟怀，一洗绮罗香泽之态，于剪红刻翠之外，屹然别立一宗……”倘若她是读着“大狗叫，小狗跳”成长起来的，就绝对写不出这样的文字。

丁慈矿老师在《民国文言作文：渐行渐远的优雅》一文中感叹道：20 世纪 30 年代初的白话文课本取得了全胜，最终整个小学阶段，国语课本完全替代了国文课本，这似乎是历史发展的必然，但总让人有些遗憾。

这一声喟叹道出了古典的魅力所在：纵使失败也不失为英雄，百年之后依然让人临风怀想。

传统的挣扎

——语文学科的教学方法应该是什么

导致语文教育质量低下，汉语的简约特点不能得到人们认识、重视和发扬光大的原因，不单是教材，还有教学方法——我们现在的语文教学方法不是语文教学应该采取的方法。

从 1919 年五四运动“倡白话，废文言”算起，现代语文教育已经跋涉百年，但语文教学方法的问题依然没有解决。这听起来有些匪夷所思，但事实的确如此。现代语文教学在以什么为本位、采取什么教学方法等一系列重大的问题上还处于徘徊、摸索的阶段。

1. 语文教学应该以什么为本位

要弄清语文教学应该以什么为本位，得先看语文是什么，学习语文的目的是什么，学习语文的重点是什么。

语文是什么？叶圣陶说，语文就是语言。语言又是什么？列宁说，语言是人类最重要的交际工具。因此，我始终认为，工具性是语文的本质属性。

学习语文的目的是什么？语文既然是工具，自然是要拿来运用的。我们学习语文，就是要掌握语言，并运用语言来进行交际。因此，我始终认为，让学生学会运用语言进行交际是语文教学的本质目的。

交际，即信息交流，分为输入与输出两个方面。输入信息的方式是听和读，这涉及对语言的理解；输出信息的方式是说和写，这涉及对语言的运用。我们所说的运用语言，就等于说、写。

信息的输出难于输入，即对语言的运用难于对语言的理解，说、写难于听、读，所以语文学习的重点是说、写。能听能读未必能说能写，能说能写却一定能听能读。又因为读难于听，写难于说，所以，理解语言往往特指阅读，运用语言往往特指写作。因此，语文学习的重中之重，是运用而非理解，是写作而非阅读。

综上所述，语文教学应该以运用语言即写作为本位。

2. 语文教学应该采取什么教学方法

要弄清语文教学应该采取什么教学方法，得先看语言是怎么运用的。

语言学告诉我们，语言的运用主要是类化的结果。那么，什么是类化呢?

以词而论，就是某个词总在某个场合出现，当再遇到相同的场合，人们便会自然地用上这个词，即使这个词的意思他并不理解。小时候，我曾见一农妇与人吵架，说“这可毛蛋了”，我不解“毛蛋”是何意，便问大人，大人解释说，就是“矛盾”。农妇是指责对方说的话前后不一，但农妇文盲，不识“矛盾”二字，不解“矛盾”的意思，大概是听人在类似的场合用过这个词，她便也无师自通地照猫画虎起来。但是你还得承认，尽管她连字音都没弄清楚，这个“虎”却画得并没怎么走样。

以句子而论，句子是无限的，但句子的模式却是有限的，说话人掌握了一定的句子模式，便可以据此造出或接收无限的句子。即一个人无须经过专门的训练，只要掌握了一定的既有语言材料，就可生成或创造他从来没有听过的话，听懂他第一次听到的话，这就是语言的生成性。

正因为语言的生成性，儿童在出生后第二年开始牙牙学语，第三年语言就能大大发展起来，掌握的词汇越来越多，能说出合乎语法的比较复杂的句子。语言的生成性决定了语言的运用具有宏观性、整体性的特点，也就是说，人们并不是先懂得发音原理才会发音，不是先懂得词义才会选择词语，不是先懂得语法才会造句子的，否则，交际就无法进行了。儿童学话的过程就是明证。我的小儿子小时候看电视剧《我爱我家》，看到文兴宇扮演的傅明因亲家母要来而急得满地打转时，他高兴得手舞足蹈，嚷道："哈哈！我看这老家伙要晚节不保哇！"我问他什么叫"节"，什么叫"晚节"，什么叫"晚节不保"，他一个字也说不出。但我承认，他这个成语用得不错，且极具创意。

语言运用的类化过程及语言的生成性，决定了语文学习的最好方法是宏观上的借鉴和模仿，而不是对微观层次的研究。叶圣陶说，教材无非是一个供学生模仿的例子，怎么模仿？就要多读、多写。读要读熟，最好背下来，或全篇，或片段，以从整体上把握文本，这就是所谓的积累。人们多以为积累就是积累词语，其实不完全是。积累，首要的是积累整篇的文章，读多了，背多了，整篇文章积累多了，才能从量变到质变，化茧成蝶，自觉或不自觉地体会到其中的选材立意、遣词造句、布局谋篇的种种妙处，才能掌握某一篇文章乃至某一类文章的特点，体会到某个词语、某个句式、某种修辞方法可用在什么样的语言环境中。这样，学生在写作中才能自觉或不自觉地进行借鉴和模仿，从不会写文章到会写文章。这就是所谓的"熟读唐诗三百首，不会吟诗也会吟"。

关于这一点，张中行在《文言津逮》附录二中说得更为明白透彻。他说，学习文言文"方法对就不难，所谓对是什么方法？说来不过是老生常谈，'熟能生巧'。学会语言靠熟……""熟的要求，或说结果，是把一种语言的表达习惯印在脑子里。脑子里有这个表达习惯，或说有各式各样的模式，看到新的，模式相同的自然会重合，于是鉴往知来，就会确定这新的是什么意义。举例说，读到'雨雪''雨霰''雨雹'，知道意义都是由天上降什么，一次读到新的是'天雨粟'，比照旧模式，立刻了解这是由天上降粮食。如果脑子里没有这许许多多的模式，看见生疏的就会莫明其妙。求脑子里印上种种模式，除熟以外没有别的办法。熟来自'多读'，也是除此以外没有别的办法。"这种模式，其实就是类化，类化不仅适用于阅读，更适用于写作。

张中行还说："多读求熟、以熟求通的方法，会有人不同意。理由是，老一套，不科学，因而少慢差费。多快好省的办法是以纲统目，精读一些名篇，以之为样板，认清规律，一通百通。这用意是好的。思想必致化为行动，于是表现在报刊上是连篇累牍的辨词性、分析句子结构等。表现在练习题上也是连篇累牍的辨词性、分析句子结构等。我对这种主要寄希望于规律的少读求速成的办法一直有怀疑。理由很多，这里难于详说……以事实为证，由多读而学会文言的人为数不少，似乎还没见过哪一个是少读只靠钻研规律而就学会的。"他说的是文言文教学，其实也是整个语文学科的教学问题，是含蓄地对以"科学"的名义否定语文教学"多读求熟、以熟求通的方法"的人提出的批评。

所以，语文教育其实不需要领异标新，而需要删繁就简。与其煞费苦心地设计各种各样的所谓的教学方案，还不如下功夫把文本读熟读透。

3. 现在的语文教学采取的是什么教学方法

《全日制义务教育语文课程标准》提出"语文课程应培育学生热爱祖国语文的思想感情，指导学生正确地理解和运用祖国语文"，《义务教育语文课程标准（2011 年版）》（以下简称"新课标"）则指出"义务教育阶段的语文课程，应使学生初步学会运用祖国语言文字进行交流沟通"。前者是理解、运用并列，后者则单独提到了运用，可见随着时代的发展，教育界对语文的认识也得到了提高。但新课标对"运用"的内涵、外延还是没有阐释清楚，也没有明确的规定。于是，在语文教学实践中，人们便自觉不自觉地忽略了运用而只记得理解，甚至以理解代替运用，使本来应该以运用（写作）为本位的语文教学变成了以理解（阅读）为本位。

要理解，就要分析，理解是目的，分析是手段，因此可以说，现在的语文教学仍是以理解、分析教材为主。

举凡一些常用的教学方法，如教师的讲解，师生的问答，学生的讨论、研究，无不是在理解、分析教材。学生要理解、分析教材写了什么，怎么写的，为什么这么写。首都师范大学初等教育学院特级教师娄湘生在《语文教学中人文思想的渗透》的讲座中说，语文教学要抓重点词句，理解文章的内容。词语方面，如在《手术台就是阵地》中，要抓“手术台”“阵地”，抓“手术台就是阵地”“白求恩就是八路军战士”中的两个“就是”，抓“连续”“继续”“陆续”等词语，抓“敏捷地从伤员的腹腔里取出一块弹片，扔在盘子里”一句中的“敏捷”表现了白求恩医术的高超，“扔”表现了白求恩对敌人的蔑视。句子方面，如《草地夜行》中，“快离开我，我掉进泥潭里了”就是重点句，要思考前后能否调换，以及为什么不能调换。

所以，我们完全有理由推测，前文中所举的“我先在你手心上打个草稿”这个句子，如果出现在课文里，它一定是个重点句子，一定是理解、分析的对象。师生要讨论、研究：这句话是什么意思？运用了什么修辞方法？这么说有什么好处？为什么要这么说？还可以怎么说？哪种说法更好？要有煞费苦心地设计，还要辅以眼花缭乱的板书，甚至要有图文并茂的课件。这样讨论、研究下来，大概需要半节课。一个幼儿园的孩子说的一句话，到了中小学的课堂上，竟然要讨论半节课，这是否是一则黑色幽默？这样的讨论、研究有意义吗？有必要吗？

另外，学生不仅要分析词语、句子，还要分析段落大意、篇章结构、中心思想。一篇十分钟就可以读完的千字小文，经过反复的理解分析，可能就要两三个课时才能学完。而且许多学生虽然思考、回答了若干问题，却还没有读熟文本，更谈不上背诵，因为他们不能从整体上学习这篇文章，也就难以把文本变成自己的东西以助写作。

所以，我以为，就现代文而言，虽然理解是阅读的目的，但不是语文教学的目的，至少不是最重要的目的。研究这种方法或许适用于别的学科，但未必适用于语文教学。

但在现代语文教学中，我们就是这样详尽地理解、分析，置语言的运用而不顾的。甚至是课堂上理解、分析得还不够，还要在作业，特别是中考、高考的应试训练中，继续进行理解和分析。

考试大纲中现代文阅读的考点，第一是理解，具体包括理解文中重要概念的含义和重要句子的含意；第二是分析综合，具体包括筛选并整合文中的信息，分析文章结构，把握文章思路，归纳内容要点，概括中心意思，以及分析概括作者在文中的观点、态度。

而且，出题人往往要把现代文阅读题设计成整张试卷最难的题。有人曾对广东省 2005 年语文高考现代文阅读题的分数进行了统计，结果发现，小阅读满分为 9 分，考生的平均分为 5.35 分，勉强及格；大阅读满分为 21 分，考生的平均分为 9.15 分，离及格尚远。时至今日，这种现象仍未改观。从小学开始，学生就开始进行理解、分析，直到高中，还要进行严格的考前训练，做的阅读题数不胜数，最后考试，却还有那么多考生在母语阅读的考试中不及格，岂非咄咄怪事？

这怪事的答案无非两条：一是这样的试卷是没有意义的，二是这样的语文教学是没有意义的。

第一，这样的试卷没有意义。出题者故布疑阵，故设迷宫，这疑阵、迷宫甚至复杂到没有道路可寻，背离了阅读的规律，超越了阅读的范畴，已经异化为非正常的阅读。即除了考试做题，再没有任何人、任何场合会这样阅读。这样的试题，连文章的作者都做不对甚至做不出，何况是考生？一些著名的学者、作家如钱理群、童庆炳、程千帆、王蒙、余秋雨，做过语文高考试卷的都未能及格，未做而看过的也表示不能及格，何况是学生？试看 2010 年天津高考语文试卷中的大阅读题，阅读材料是散文《寒冷的高纬度》，第 20 题是“文章结尾说‘我回过头来一想，世界其实还是那么大，它只是一个小小的北极村’，这句话有哪几种含义？请概括回答。（5 分）”这道题目可变换为“作者为什么‘回过头来一想，世界其实还是那么大，它只是一个小小的北极村’？”标准答案包括五条：（1）故乡是世界的缩影；（2）作者对故乡的爱是永恒的；（3）童年在北极村学到的一切，奠定了作者人生的基础；（4）故乡是作者的人生思考与创作精神之源；(5) 故乡使作者对人生的理解得以升华。据我看只有第一条是正确的，其他都是钻牛角尖。不用看原文，只看答案与题目，二者之间有因果关系吗？因为“作者对故乡的爱是永恒的”，所以“回过头来一想，世界其实还是那么大，它只是一个小小的北极村”？你正常阅读时会注意这句话有这五条含义吗？你让作者答能答出这五条含义吗？你让那些学者、作家来答能答出这五条含义吗？这样出题就是存心与学生过不去，与语文教育过不去。

第二，这样的语文教学没有意义。学生为了这没有意义的试卷每日在题海中苦苦挣扎，课课考，周周考，月月考，疲于奔命。他们如同拼命赶路无暇欣赏风景的匆匆过客，根本没有时间潜心读书，当然也谈不上背诵（特别是整篇的）、积累、练笔，语文水平怎能提高？让他们做题或许能做对几道，但一让他们写作文就露怯——或写不出，或写出来了但词不达意。文从字顺都做不到，还谈什么简约文风？看着那么多学生把他们宝贵的青春浪费在没有意义的机械练习上，真是令人痛惜。

其实，对背诵积累和写作训练，课程标准和专家学者都是强调的。但他们忘记了，资源是有限的，在阅读本位的理念的支配下，时间都被做题占用了，背诵积累和写作训练这些传统语文教育中行之有效的教学方法，只能在理解、分析的海洋里无奈而又徒劳地挣扎几下罢了。

我们可以看看叶嘉莹在学校读书时做什么。她幼年受家庭教育，读《论语》，吟咏背诵诗词，直到九岁才入小学，十岁便已跳级入女中。由于在幼年的吟诵中熟悉了诗歌的声律，这时她不但能以文言写书信，还能写一些绝句小诗。第一次写诗是她十一岁时，题目是《咏月》，最后一句是“未知能有几人看”，意为月色虽好，但深夜无人欣赏。伯父赞她是可教之才。高中时，她所写的诗词曾被老师评为“诗有天才，故皆神韵”。如这首五言绝句《咏菊》：“不竞繁华日，秋深放最迟。群芳凋落尽，独有傲霜枝。”

在同样的年纪，我们的学生两耳不闻窗外事，一心只顾做习题，而叶嘉莹却在吟咏、创作诗词，并能和师长切磋，真是天差地别。这就是我们与民国时期语文教育的差别，也是语文教育质量低下的原因，还是简约文风几成隔世绝响的原因。

综上所述，我们似乎可以这样总结：传统的语文教育是“读背积累借鉴仿”，现在的语文教育是“理解分析做练习”。我们的语文教育就毁在理解、分析及其衍生的机械练习上。庆父不死，鲁难未已，这种状况不改变，中国的语文教育就没希望。

母语的呼救

——营造母语生存发展的环境

1. 母语在呼救

历史的巨轮滚动到 1919 年，全国教育联合会提出了《推行国语以期言文一致案》，从此，我们的母语——汉语，由古代步入现代，由文言文过渡到白话文。这本来是历史的必然，但由于种种原因，我们的白话文有两个先天的弊端。

一是欧化影响下的冗长芜杂。

钱钟书在《围城》中形容庸俗文人陆子潇“鼻子短而阔，仿佛原有笔直下来的趋势，给人迎鼻孔打了一拳，阻止前进，这鼻子后退不迭，向两旁横溢”，恰可移来比喻白话文的发展。白话文就像陆子潇的鼻子，五四新文化运动就是那一拳。本来白话文的发展应该从古代白话向现代白话循序而下，但五四运动一拳下来，要“打倒孔家店”，打倒文言，便切断了古今汉语的联系，白话文就不得不舍近求远，向西方求救。张中行在《文言与白话》中说，“白话起兵反对文言，动力其实有内外两种”，这外部的动力，“直截了当地说，是觉得西方言文不分家的办法好，我们应该照办”。据朱自清《鲁迅先生的中国语文观》介绍，鲁迅也是赞成欧化的，认为欧化文法侵入中国白话的原因不是好奇，乃是必要。话要说得精密，固有的白话不够用，就只得采取些外国的句法。

可是，欧化给汉语带来精密性的同时也给汉语带来了很大的弊端——给中国的白话文带来了太多的修饰成分，太多的“因为所以”“虽然但是”，冗长芜杂，使汉语简约的特点丧失殆尽，使汉语的简约之美荡然无存。如张中行《文言与白话》中所说，“与许多种外语比，汉语灵活，简短。近年来……受了外语译文和新风气的影响……乐于从繁的人像是越来越多……一种是喜欢加多余的话，如不说‘下了雪’，而说‘下了洁白的雪’，不说‘拿起笔来写’，而说‘用手拿起一支笔来写’。一种是愿意绕弯子，如可以说‘我没注意’，却说‘没有引起我的注意’，可以说‘我爱唱歌’，却说‘唱歌对我来说是可爱的’。”李方在《给普通话写作点穴》一文中说得似乎更为尖锐苛刻：“我一直觉得‘的地得’是垃圾，是懒人的法宝……把个句子写得跟个绕口令似的。因此，我一看见少用‘的地得’的人就觉着亲，遗憾的是这种人并不常见。”

二是“言文一致”影响下的过于直白。

《推行国语以期言文一致案》中强调：“若不急使言文一致，欲图文化之发展，其道无由。”于是，“言文一致”成了白话文的标准。王澍在《中国近代著名人物败笔拾遗》一文中告诉我们，“胡适有一句名言：‘有什么话，说什么话，话怎么说，就怎么写。’依照这个逻辑，他把《丁文江传》改为《丁文江的传》，认为唯有如此才算地道的白话”。周有光在《语文闲谈》一书中提到，教育家林汉达提倡语文大众化，主张用听得懂的白话，代替听不懂的文言，如用“存心不良”代替“居心叵测”，用“心里有底”代替“胸有成竹”，周有光自己也十分赞同这种说法。

但是，语言不仅仅是交际的工具，它还是创造艺术的工具，而它本身，也因此成了艺术，成了审美的对象。从单纯交际的角度说，言文的确应该一致；但从审美的角度说，言与文，即口语和书面语，却应该有区别、有距离。

孔子曾说“辞达而已矣”（《论语·卫灵公》），但又说“情欲信，辞欲巧”（《礼记·表记》），这两种说法看似矛盾，实际并不矛盾。前者是从交际的角度来说的，后者则是从审美的角度来说的。语言若没有文采，便难以流传。伍立杨在《文字灵幻》中说："我手写我口，固有其合理性，也有其偶然性所致局限。直录口语之文字，其价值必大打折扣。口、笔毕竟不是浑化无间的一家，'写话'的结果，是'不像话'。"余光中在《论朱自清的散文》中曾指出："早期的新文学的幼稚肤浅，有一部分是来自语言，来自张口见喉虚字连篇的'大白话'。文学革命把'之乎者也'革掉了，却引来了大量的'的了着哩'……遂令原应简洁的文章，沦为浪费唇舌的叽里咕噜。"如朱自清《别后》诗中有这样的句子："我和你分手以后，的确有了长进了！大杯的喝酒，整匣的抽烟，这都是从来没有的。"因其过于直白而遭到余光中的批评："不但太散文化，即以散文视之，也是平庸乏味的。"王澍在《中国近代著名人物败笔拾遗》中更是指责胡适"最大的败笔是他所倡导的白话文运动。白话文运动的初衷是使文学与文化尽量大众化，这本不错，但是做过了头，使现代与传统断了线，使数千年'雅'的传统绝了迹。恶劣后果至今仍未消除。倡导白话文的人很多，其中以胡适最极端，恶劣影响最大。胡适认为文学有三个要件，第一就是要清楚明白。这与传统的文学要隐约含蓄的说法大相径庭……许多作家至今仍以平淡无奇为文章之第一要义，全然不讲修辞章法、牵连萦带。文章越来越像白开水"。

而这样或直白或欧化的白话，却成了现代汉民族的共同语言——普通话的典范。从小学到大学，我们的语文教材多是这样的白话，教师在对学生进行写作训练时都以这样的白话做典范。从交际的角度说，固然给我们带来莫大的便利，然而从审美的角度说，却导致了现代汉语的窒息。中小学生的作文都是一个腔调——学生腔，各级领导的秘书们为领导写总结报告也是一个腔调——秘书腔，文学创作则是学生腔与秘书腔的杂交。所以，前文说"汉语简约的特点丧失殆尽，简约之美荡然无存"并非虚语。

时至今日，能用简约的文字来表达的人已经不多了。这意味着不仅学生不会这样表述，就是大学生、成年人、教师，甚至语文教师，也未必会这样表述了。也就是说，像民国时期小学生郭崇仁《我的学校》那样的文字，现代人已经很难写出来了。那岂不是等于承认现代人的文化功底不如前人，甚至不如一个小学生？是的！尽管我们不愿承认，但又不能不痛苦地承认。

就以大学生为例。1996 年，一些名牌理工大学组织大学生记者团到全国抗战故地采访，最后写出 13 篇文章，几乎全部难以卒读——错别字连篇，病句很多，毫无章法。为此，《人民日报》专门配发了言论《大学生的汉语怎么了?》。你想，他们用白话文表达尚且困难，更不用说用简约的文字表述了。余光中在《哀中文之式微》一文中便提到："'关于李商隐的锦瑟这一首诗，不同的学者们是具有着很不相同的理解方式。''陆游的作品里存在着极高度的爱国主义的精神。'类此的赘文冗句，在今日大学生的笔下，早已见惯。简单明了的中文，似乎已经失传。上文的两句话，原可分别写作：'李商隐锦瑟一诗，众说纷纭。''陆游的作品富于爱国精神。'中文式微的结果，是舍简就繁，舍平易而就艰拗。"

母语在呼救！

而要拯救我们的母语，就要营造母语生存发展的环境。

2. 营造母语生存发展的环境

（1）要给母语应有的地位

法国作家都德曾说，母语是民族的标志和象征，一个民族的语言是一个民族的灵魂。但我们的母语似乎没有这么高贵的地位，至少，在学校教育中，语文属于弱势学科。

语文比不上数理化。在 20 世纪 80 年代，流传着这样一句话："学好数理化，走遍天下都不怕。"家长关心学生的学业，也是以数理化为主。

语文也比不上英语。在中国，英语的地位已被抬高到了无以复加的程度：评定职称考英语，读研读博考英语，录用人才看英语。大学本科生要达到英语四级，硕士研究生要达到英语六级，否则不能毕业，更拿不到学位证书。专业都退避三舍了，还能有语文的事吗?

其间的原因，大致可以分为外部、内部两方面。外部的原因，一是相关政策的偏颇，如英语的考级；二是数理化和英语与学生生存、生活的联系更为直接与紧密——实际上，这是教育功利主义思想的表现。内部的原因，是由于学科的特点，语文不易学，耗时，见效慢，不如干脆不学。

张中行在《文言与白话》中对此有过精辟的论述："现在的实际是，与其学文史，不如学科技，不只来得快，而且容易有大获得；与其学文言，不如学外语，也是来得快，容易有大获得。学文言，短期难于收效；时间放长，即使会了，又能干什么？如果不教书，也只能自怡悦，茶余饭后哼几句'池塘生春草''杨柳岸晓风残月'而已。"

于是，教育资源的分配也就自然地偏向于数理化和英语。

正如余光中在《哀中文之式微》中所说："现代的中学生，除了文史之外，英文、数学、理化、生物等等，样样要读，'于学无所不窥'，俨然像个小小博士……中学课程之繁，压力之大，逼得学生日与英文、数学周旋，不得不将国文贬于次要地位。"在学生的心目中，语文已被打入另册。家长对学生学业的关心，也都以数理化和英语为主。看那些形形色色的补习班，有几个是语文的？在数理化和英语面前，我们的母语，我们的母语教育，失去了应有的尊严。

要营造母语生存发展的环境，首先要给母语及母语教育以应有的地位，要降一降英语那过高的门槛，给母语的天平加一加砝码。

(2) 要增加文言教学的比重

要使学生体悟到母语简约的特点和简约的美，激发学生对母语的热爱及学习母语的兴趣，有必要在语文教学中增加文言文的比重。

① 文言文学习要早。

文言文是语文教学的难点，学生畏之如虎，有这样一则顺口溜：一怕文言文，二怕写作文，三怕周树人。由此可见学生对文言文学习的畏惧。畏惧，即证明学生学不好、不愿学。

而学不好、不愿学的原因之一，是学习文言文的时间太晚。

学习语言的最佳年龄在十岁之前，这一阶段也应该让学生进行文言文学习。然而，现在对文言文的学习要进入中学以后——小学语文教材只有少量简单浅显的古诗词，不能算是文言文学习——孩子已十多岁，白话文已在头脑中基本定型，阅读兴趣、阅读思维、阅读习惯均指向白话文，再学文言文自然会感到困难。

学习外语要从娃娃抓起，学习文言文也要从娃娃抓起。有人说文言文太难，小孩子读不懂、没兴趣，这只是成人的想法。文言文也是母语，生成性同样起作用。

现代著名学者钱穆九岁就能背诵《三国演义》。另一学者向宗鲁八岁入私塾，天资聪颖，过目成诵，十四岁（一说十六岁）上成都存古学堂，就可以与经学大师廖季平引经据典、口若悬河地讨论学术了。作家张恨水十四岁之前，就能够背诵《论语》《孟子》《左传》《诗经》《礼记》《易经》《千家诗》《古文观止》等典籍了，而这还并不是他可以背诵的全部。

就算他们是天才，别人比不得，打个八折，不背那么多，就算不背，小学时读一些文言文总能做到吧？

一些富有探索精神的语文教师的实践也充分证明了这一点。内蒙古包头市土默特右旗党三尧中心学校的语文教师石皇冠，尝试让小学四五年级的学生学习《史记》中的传记文章，如《孙膑传》《管晏列传》……经过一段时间的训练，学生能够读得很好。

可是，我们总是强调儿童不成熟，只让他们读用直白的语言编写的童话和故事，这是一种使儿童弱智化的做法。我们一方面鼓吹现在的孩子特别聪明，想象力丰富，创造力高，另一方面又在教学中将其弱智化，不让他们接触文言文，岂非自相矛盾？成年人创造了一个令儿童远离传统经典的大环境，却反过来把远离传统经典的责任推到儿童身上，这样做对儿童来说公平吗?

胡适在《中学国文的教授》一文中的观点至今仍值得我们深思:"请大家不要把中学生当小孩子看待。现在学制的大弊就是把学生求知识的能力看得太低了。现在各级学堂的课程,都是为下下的低能儿定的,所以没有成绩。现在要谈学制革命,第一步就该根本推翻这种为下下的低能儿定的课程学科。"同样,我们也不要把小学生当成小孩子看待。

② 文言文学习内容要增。

学生对文言文的学习,不但时间要早,内容还要够多。有量变,才会有质变。

从量上来说,文言与白话的比,在小学时可以是一比二,在初中时可以是一比一,到了高中就可以只学文言文,不学白话文。从质上来说,要让学生完整地或基本完整地读一些经典,如在小学、初中阶段,应该让学生读《论语》《孟子》《诗经》等。

要做到这一点,就得破除教育中浓厚的功利主义思想,充分认识阅读经典对人生宏观上的作用。经典对人生的作用,正如董桥所言:"诗词古文打底是成长的养分,更是人生文化生活品味情趣之所在……"

③ 浅近的文言文和古代白话文应该是重点。

对文言文的选择应有语言意识,即多选有利于学生语言能力培养的经典之作。

浅近的文言文,如晋唐小说、宋元语录、明清小品、近代的新文体等,语义浅显,与白话文距离近,便于借鉴,应该是文言文学习的重点。叶圣陶就曾经指出,"把古文学作为范本绝不是办法",他主张应该"选择上品的近代文言作为范本,使学生精读熟习"。董桥在《抚想当年鬓香钗影》一文中,直指"白话文一白如水,根本无从寻味,非要用文言气势淡淡渲染一下不可",并说明"文言者,未必是《前汉书》《后汉书》那样的古文,明清一些好东西,一生消受不尽了"。

古代白话文是连接文言文和现代白话文的桥梁，现代白话文更应该到其中汲取营养。李方欣赏黄仁宇、金庸，因为他们“都是普通话写作，但他们都有意识地向古典白话吸取营养”。他在《给普通话写作点穴》中引了黄仁宇的名著《万历十五年》的开头作例，并说“看看黄仁宇的句式，‘在中国为明万历十五年，论干支则为丁亥’，而不是‘是中国的明朝万历十五年，以干支纪年则是丁亥年’。以标准普通话论，我杜撰的后一句无疑更常见，但也更没有味道。起首动词，黄仁宇以一个‘在’字、一个‘论’字，顿时让两个分句灵动起来。这是古典的精髓，救了现代汉语一条狗命”。所以，古代白话文应该是学习的重点，可惜我们的语文教育常常忽略这一点。

至于文言文的写作，在中小学阶段不提倡，但如学生有兴趣，也不必打压，而应给予指导。大学中文系的学生却必须进行文言文及诗词的写作训练。

(3) 要以写作为语文教学之本

叶圣陶在《怎样写作》的《阅读是写作的基础》一文中提出：“阅读的基本训练不行，写作能力是不会提高的……实际上写作基于阅读。老师教得好，学生读得好，才写得好。”这奠定了阅读在语文教学中的主体地位。尽管教师制订语文教学目标时是理解、运用并重，但在教学实践中，阅读却一家独大，占尽春色，课上烦琐分析，课下机械练习，写作则沦为附庸，这背离了叶老主张的本意，是语文教学效率低下的根源。

写是语文素养的最高层级，是语文学习的终极目的，也是语文教学成功的权威标志。写才是语文教学的根本所在，以读为本是本末倒置。

在长期的以阅读为本位的语文教学历史中，一些有识之士早就发出过“以写为本”的呼声。语文教育家黎锦熙在《各级学校作文教学改革案》中提出的教学三原则，第一条就是写作重于讲读。权伯华在《初中国文实验教学法》中强调，作文一项，在国文教学中，要算主要的工作。胡适不强调培养学生的阅读能力，认为阅读教学所选的文章量应少一些，并极力反对文章不论难易一律采用“讲读”的教学方法，他多次将作文能力作为衡量语文水平的标准：“国语代替文言之后，若不能于七年之内，使高小毕业生能做通顺的国语文，那便是国语教育的大失败。”这些声音虽然在当时未能引起应有的反响，但今日读来，却真觉振聋发聩。

所以，语文教学亟待拨乱反正，要变以读为本为以写为本。

以写为本了，阅读就会以写作为指向，为写作服务。即通过大量的阅读丰富思想，积累材料，解决写什么的问题；在阅读的过程中通过模仿、借鉴来感悟文章的写法，解决怎么写的问题，而不再陷入理解、分析的泥潭不能自拔，置写作于不顾而无意义地自言自语；语文水平的测试，包括中考、高考，也会以写作为重点，那些没有实际意义却又偏又难的基础知识题、阅读题，也会降低难度或干脆出局。

以写为本了，就能发挥出写作对阅读的促进作用。人们都知道阅读对写作有促进作用，因而提出了“读写结合”“以读带写”的观点，殊不知写作对阅读的促进作用更大。为写而读，将读置于某种需要中，置于某种语境中，有取舍，有整合，就会读得更广泛、更深入。古人写诗如此，如杜甫《又示宗武》中所说的“觅句知新律，摊书解满床”，今人写文亦如此，如张中行《负暄续话》中所说的“写，不读书不成，读而不多不熟也不成”。胡适对此也有精辟的言论，他在《读书》一文中提出，“发表是吸收的利器”，“手到是心到的法门”，“发表是吸收知识和思想的绝妙方法。吸收近来的知识思想，无论是看书来的，或是听讲来的，都只是模糊零碎，都算不得我们自己的东西。自己必须做一番手脚，或做提要，或做说明，或做讨论，自己重新组织过，申叙过，用自己的语言记叙过——那种知识思想方可算是你自己的了”。

据吴忠豪和陈建先的《“表达”与“阅读”，谁主沉浮》一文介绍，许多国家的语文课程是以表达为中心（或者重点）来构建的，即以写为本位。孙志毅《挑战教育——中外智慧教育教学例谈》中《儿子的研究报告》一文中的那个在美国读书的孩子，就是一个很好的榜样。孩子十岁的时候，就写出了诸如《中国的昨天和今天》《我怎么看人类文化》这样的大部头文章。从文后列出的参考书目可以看出，在写作过程中，孩子查阅了大量的资料。

以写为本是对以读为本的颠覆，从教育观念、教学目标到教材编排、教法设计、测评手段，都要重新建构，的确并非易事。但置之死地而后生，以读为本的语文教育之路已经走进了“死胡同”，以写为本或许能给奄奄一息的语文教育带来一线生机。

内蒙古鄂尔多斯市东胜区教研中心的曹龙老师一直重视写作教学，近年来，他更是注重“挖掘文本中的‘表达’因子，为学生搭建扎实的语言实践平台”，几乎每节课都为学生安排写作练习，效果非常好。

（4）要建设高质量的语文教师队伍

汉语既以简约为美，语文教育的写作指导就应以简约为宗，以使学生悟得汉语神韵。这就要求语文教师要有深厚的国学修养。

梁实秋曾提到他的一位国文老师徐锦澄，批改作文最擅长大勾大抹，“剩下的全是筋骨”。这种做法对梁实秋影响极大，“如果我以后写文章还能不多说废话，还能有一点点硬朗挺拔之气……就不能不归功于我这位老师的教诲”。我们读梁实秋的散文，确如陈漱渝所评，“简单而有力量”，多用短篇、短句，用词精当，深得汉语简约三昧。如他的散文《雅舍》中写道：“‘雅舍’最宜月夜——地势较高，得月较先。看山头吐月，红盘乍涌，一霎间，清光四射，天空皎洁，四野无声，微闻犬吠，坐客无不悄然！舍前有两株梨树，等到月升中天，清光从树间筛洒而下，地上阴影斑斓，此时尤为幽绝。直到兴阑人散，归房就寝，月光仍然逼近窗来，助我凄凉。”

有的老师不怎么批改学生的作文，只在指导学生阅读上下功夫。董桥《旧时月色》中“南洋系列”忆往之作有篇《书房阶前的花影》，开篇便提到他十几岁时曾跟父执亦梅先生读国文、学诗词。先生曾给他一本《博物要览》要他读。这本书描写各种珠玉犀象、可珍可玩的雅品，每条都短短三两行，如“紫檀乃诸溪峒所出，性坚，新者色红，旧者色紫，有蟹爪文”。董桥说：“先生说，这是让我学会用简洁的笔墨去形容眼前景物，以此为基础，写文章就不致累赘了。”

当然，若教师能写出简约的文字供学生效法，就更好了。董桥在《画完最后一笔文人画》中提到，著名画家溥心畬的弟子江兆申曾寄一张画作给董桥，附信说：“窗间得雨景一小幅，着墨亦不多，悬之高斋，或兴旧雨之思耳。”董桥说：“江先生写的信像诗话，像小品，像明清笔记，我几乎全背得出来，背多了就学会写书卷气的信了。”江兆申不是严格意义上的语文老师，却是真正的语文老师。

语文教师的国学修养应该达到什么程度？我认为也应该以写为本，最好能够写诗词、写文言文。这似乎很难，但假如我们的语文教师都没有这样的国学修养，国学靠谁去继承？汉语的简约之美靠谁去展示？简约的文风又靠谁去弘扬？前面说大学中文系的学生必须进行文言文和诗词的写作训练，也正为此。

（5）要重视传统的语文学习方法

传统的母语学习的方法，如背诵、评注等，是与母语的特点相适应的，是行之有效的，如今还应该得到重视。

所以，语文教学过程，以文学作品为例，做三件事即可：读、背，圈注，仿写。即熟读文本，最好能够背诵，找到自己觉得精彩的句子、段落（如学生找不到精彩之处，那这篇文章恐怕也就没有读的价值了），如果全文背诵困难就只背诵一些精彩的片段；对自己认为精彩的地方进行圈画批注，简要写出自己的心得体会；模仿精彩的文章或段落进行写作练习。

下面的教学片段与这种语文教学理念庶几近之。

山西省太原大学外语师范学院第二附属小学教师李永强这样教《落花生》一课。

首先是读：教师范读，学生自由读、分角色读。

学生读熟后，教师布置任务："同学们，下面请大家把你认为含意最深刻的句子画出来，并想想父亲赞美了花生怎样的品质。"于是学生开始默读、思考、圈画标注。

完成任务后，学生进行汇报交流。

有个学生说："老师，我画的是'你们要像花生，它虽然不好看，可是很有用，不是外表好看而没有实用的东西'。我觉得这里赞美了花生虽然外表不好看，但很实用，不像苹果那样只是外表好看，我们要做这样的人。"

可是，另一个学生提出了不同的看法："老师，我觉得他说得不对，苹果、桃子有什么不好？它们既好看又好吃，我觉得它们比花生要好。我们应该做既讲体面又对别人有好处的人。"

教师点拨说："刚才这位同学说得很好！苹果和桃子是既好看又好吃的，但课文里面并没有光赞美花生而贬低苹果、桃子。我们做人，首先要像花生那样实用、不求外表，然后做到既体面又对别人有好处，这样不是更好吗？"

课的最后，教师让学生把在本课中学到的感受写在日记本上。

下午刚上班，语文科代表就把日记本交了上来，翻开一本，上面写道："学了这篇课文，我觉得我们应该像花生那样实用而不炫耀自己，但我们更应该像苹果那样既好看又好吃，做一个既体面又对别人有好处的人。"

这个教学案例的基本步骤就是阅读、圈注、仿写（写作），不花哨，但非常实用。

需要强调一下仿写（写作）这个环节，它非常重要，语文教育一定要落实到"写"上才算脚踏实地。没有这个环节，就像操作电脑时任务没完成而点击了"取消"，前面的所有努力就都成了浮云，以写为本的理念也就难以实现。

不同类型应用文的教学或有区别，但大体都适合采用这种做法，只不过有的可不必背诵，熟读文本并加以模仿即可。

也许，经过这样的努力，简约，这隔世的绝唱会再度响起！

给母语应有的地位，增加文言文的比重，以写作为本，建设高质量的教师队伍，采取传统语文教育中行之有效的方法，这就是有利于母语生存发展的环境。

无解之结

——语文往何处去

一

语文教育效果差并非自今日开始，而是由来已久。

五四运动之前，社会上和教育界对中学生国文程度低落的批评之声便时有所闻。1919年1月的《教育公报》上有一篇《拟请教育部召集国文教授会议，议定国文教法建议案》的文章：“中等学校国文退化殆为教育界所公认。以本校招考经验而论，考生文理多不通，甚者至于字体讹误，国文考卷真可入选者十无一二。根底既弱，及毕业时程度仍虑其不够，数年而后，凡高等师范之毕业生将无有能教国文者，至为可虑。”

五四运动后，对国文教学的现状表示不满者也是随处可见。直言不讳者如王森然，他在其著作《中学国文教学概要》的自序中说：“现在的中学国文教育，糟，真是糟透了。”委婉陈词者如夏丏尊、刘熏宇，二人在《文章做法》中提到：“无论如何设法，学生的国文成绩总不见有显著的进步……这原是历来中学程度学生界的普通现象，不只现在如此。”

及至20世纪30年代，抱怨之声依然不绝于耳，并引发了历时八个月（自1934年11月至1935年6月）的“中学生国文程度的讨论”。讨论由《中学生》杂志发起，孟起在《中学生的国文》一文中尖锐地指出，当时的国文教学是“狭的笼”，而学生是笼中缺乏“滋养物”的“瘦的鸟”。

1939年高考放榜后，考选委员会副委员长沈士远发表谈话，认为国文考试“间虽有佳卷，然就一般而论，则甚属平庸，例如国文之技术恶劣，思路不清……”中学生的国文程度问题，再次成为教育界、国文界关注的焦点。

1941年，教育部通令中等学校“改进国文教学方法”，以期提高学生的国文程度。

同年9月，蒋介石手令教育部通敕各校，“现在中学国文程度低落，应令各中学校长切实注意，并设法提高；以后凡大学招生，如有国文不及格者，不准录取为要”。

1943，《国文杂志》第二卷第一期发表了罗根泽的文章《抢救国文》。该文从学生国文试卷成绩不好，论到国文该从中学阶段抢救，并举了成绩不好的七个例子，这七个应试者犯了同样的毛病——看不懂题目。他还提出三个对策，其中第三条是“请求中学生以相当时间读作国文”。

接着《国文杂志》第二卷第三期又发表了陈卓如的文章《从“抢救国文”说到国文教学》，“我只希望现在从事国文教学的人……努力寻求教学上的缺陷与学生的困难，加以纠正”。

在20世纪30年代的大讨论中，叶圣陶认为中学生国文程度低落的观点是一种偏见，但到了40年代，他也不得不接受这样一个现实：国文教学没有成绩。

叶圣陶在《国文杂志》发刊辞《认识国文教学》中说：“如果认真检讨我国的学校教育，谁都会发见种种不满意处……而国文教学尤其成问题。他科教学的成绩虽然不见得优良，总还有些平常的成绩……国文教学几乎没有成绩可说。这并不是说现在学生的国文程度低落到不成样子的地步了，像一些感叹家所想的那样；而是说现在学生能够看书，能够作文，都是他们自己在暗中摸索，渐渐达到的；他们没有从国文课程得到多少帮助，他们的能看能作当然不能算是国文教学的成绩。另有一部分学生虽然在学校里学习了国文课程，可是看书不能了了，作文不能通顺。国文教学的目标原在看书能够了了，作文能够通顺……现在实效和目标不符，当然是国文教学没有成绩。”

在整个漫长的封建社会中，语文教育的效果其实也都不怎么好，只不过由于那时语文并未单独设科，也没有人去关心语文教育效果的问题罢了。因此，我们有理由认为，语文教育效果不好，可能不全在于教得不好、学得不好。那是不是语文学科本身的特点使得教师难以教好、学生难以学好呢？

这就需要对语文学科进行重新审视。

19 世纪法国印象派画家高更曾在画上题词：“我们从何处来？我们是什么？我们往何处去？”这句话蕴含了深刻的哲理。董桥在《留住文字的绿意》的《赫胥黎怕堂皇空洞的字》一文中提到，他的一位苏格兰朋友借用这句话形容语文的课题：“语文从何处来？语文是什么？语文往何处去？”可谓直面语文的本质，值得每一个语文教育工作者深思。

语文是什么，前面已经讨论过了。在这里，我们只讨论语文从何处来、往何处去的问题。

语文从何处来？从哲学上说，有比较才有鉴别，要把它放在一个大背景之下，同其他的学科比较，看它与其他学科，特别是自然学科有哪些不同的地方。

二

语文学科与自然学科有什么不同呢？

1. 发现与创造——起源不同

自然科学起源于人类对客观世界及其运动规律的发现，这种发现就是我们称之为知识的东西。依词典的解释，知识就是人类在社会实践中所获得的认识和经验的综合。既然是发现，就说明这些知识所反映的规律是客观世界所固有的，具有客观性。自然科学起源于知识，也要依靠知识去学习、运用，如摩擦生热和钻木取火。原始人可能是在无意中发现木头摩擦会发热，觉得很好奇，于是继续摩擦，木头变得更热，再继续摩擦，就燃起了火。发现木头摩擦会发热、会起火，对原始人而言，这就是知识了，而有意地摩擦木头使之起火，就是对知识的运用。再以后，钻木取火就成了对其后代的教育内容。由于客观世界及其运动规律具有普遍性，这些知识也具有普遍性："钻木"能"取火"，全世界都一样；数学、物理、化学等，全世界都一样；一加一，除了算错的时候，在哪里都等于二。

然而语文不是这样的。语文是语言，语言是怎么产生的，这是非常复杂的问题。语言学告诉我们，语言属于意识形态，它产生于人类的主观创造。语言是人类在劳动中创造出来的——劳动需要协调，需要沟通，即需要交际，于是人们就创造了语言——而不是存在于客观世界被人们发现的。所以，语言具有主观性、创造性。例如，"水"这种物质是客观存在的，但"水"这个词语却不是"水"这种客观物质所固有的，而是人类为"水"这种客观物质创造出来的，这种创造不是起源于知识，也不是依靠于知识。当然，水的性质，如它是一种液体，可以流动，可以饮用等，都可以看作知识，也与"水"这个词语的产生有一定的关系，但那是"水"这种物质固有的属性，仍然是关于"水"的自然科学知识，而不是关于"水"这个词语的语言知识。关于"水"的语言知识，如它是名词，可以做主语之类，是语言产生之后，人们经过对语言的分析研究概括出来的。

由于语言不是客观世界所固有的东西，也就没有如自然科学知识那样的普遍性，而是具有特殊性。所以，不同的民族有不同的语言——不同的语音，不同的语汇，不同的语法规则。即使是同一种语言，也有不同的方言。著名语言学家赵元任有一次把几种语言的词编成了一个故事：从前有一个老太婆，初次跟外国人有点接触，她就稀奇得不得了。她说："他们说话真怪，明明是五个，法国人偏偏要说三个（法语'五'音，像中文的'三'）；明明是十，日本人偏偏要说是九（日语'十'音，像中文的'九'）；明明是水，英国人偏偏要说是窝头（Water)。"

2. 求同与求异——追求的目标不同

自然科学因其具有客观性、普遍性，所以求同。二加二得四，放之四海而皆准，两个人加两个人得四，两棵树加两棵树也得四……

但语言不行，语言因其主观性、创造性、特殊性而求异，最忌雷同。你跟人家说一样的话那是鹦鹉学舌，会被人们看不起。西谚有云：第一个人把女人比作一朵花是天才，第二个人把女人比作一朵花就是庸才，第三个人还这样说就是傻瓜了。如果一个人在自己的作品中反复说同样的话也容易遭诟病。比如，陈林群在《王安忆〈长恨歌〉技术故障举隅》一文中，指出王安忆在《长恨歌》这本小说中常用数量词"一股"，如"上海的弄堂是性感的，有一股肌肤之亲似的"，在比喻后爱用"……的东西"，如"她们的花容月貌是这城市财富一样的东西"，称这是"程式化语言"，是"技术障碍"。语文高考中的主观题，如果有两个人的答案完全一样，就可能被怀疑是抄袭。作文，一个题目让一百个人去写，那就有一百种面貌，有两篇一样，即使小有差别，也绝对是抄袭。

3. 知识与能力——学习的重点不同

自然科学的客观性、普遍性，决定了自然科学有自己系统而严密的知识体系。属于自然科学的学科，其教学内容就是该学科的知识，培养的是运用学科知识的能力。所以，自然学科的教学首要的是学习知识。以数学为例，学乘法先要背口诀，这是学习知识，再做数字题巩固知识，然后做应用题运用知识。知识与能力之间关系密切，掌握知识是培养能力的前提。不懂乘法口诀，就不会做乘法，不懂得先算乘除后算加减，就不能进行四则混合运算。所以，自然科学的教学目标是明确的，学什么、怎么学是明确的，考什么、怎么考也是明确的。因为知识体系严密，自然科学的学习就必须循序渐进，即使是落下一节课，也得补上，否则，学习就无法继续。

语文则不然，它的创造性、主观性决定了它没有系统的、严密的知识体系。语法、修辞、逻辑都是知识，阅读、写作也都有与之相关的知识。在《语文基础知识手册》一类的书中，这些知识都是要收罗其中的。有的教师还把这些知识整理成树的形状，称为“知识树”。但语文不仅仅是这些知识的简单相加，语文与这些知识之间不能画等号。原因在于，语文的创造性的特点决定了学习语文重在培养能力，而这些知识与语文能力之间并不存在必然的联系，它们并不是培养语文能力的必要前提。

语文能力可以简单地概括为四个字：听、说、读、写，都不以掌握知识为必要的前提。不懂语法、修辞、逻辑知识照样能听话、讲话，不懂阅读知识照样能读书，不懂写作知识照样可以创作——曹雪芹没有读过小说概论，鲁迅也没有研究过杂文做法，大量的民间文学作品更是明证。而反过来说，学了语法、修辞、逻辑知识不一定就讲得好，学了阅读知识不一定就读得深，学了写作知识不一定就写得妙。

所以，想让语文学习如理科学习一样，根据某条公式或定理进行推演，通过一定量的训练就能提高读写能力，是不切实际的幻想。教师教了学生要根据上下文理解词语句子的意思，学生就能做对高考试卷中的阅读题了？教师教了学生比喻的知识，学生就会用比喻了？那不可能。高考有仿写题，有例子有要求，好像与理科的题差不多，一定很容易了吧？错，仍然很难，难就难在作为语文题，其仿写仍具有创造性、求异性，既要符合要求，又要别开蹊径，不能与例子雷同。

语言的运用靠的不是知识，而是语感。语感来自哪里？来自交际，即听说读写的大量实践，更来自对语言及其与客观事物之间关系的体悟。一个孩子打了另一个孩子，被打的去告状，打的辩解说“没打他，就碰了一下"；曾国藩把幕僚为他起草的奏章中的"屡战屡败"改为"屡败屡战"……这些例子中人物对语言的运用，不是因为他们学过修辞学，懂得选择同义词及调整语序的修辞知识，而是因为环境和交际的需要使他们意识到，这样说对他们有利。反过来说，也不是所有的人都有这个能力，你把曾国藩的这个典故告诉给学生，学生就都成曾国藩了？同样不可能，大多数人还是那个幕僚。韩寒说，文学是唯一不能训练和死磕的东西。池莉等人举办作家高级培训班，也说最关键的那口"仙气"是培训班不能给的。所以，语言的运用是创造，这也与自然科学不同。

因为缺乏系统的、严密的知识体系，语文学科多听一节少听一节无所谓，甚至一两个月不听也不一定有什么影响。高尔基没有在学校进行系统的语文学习，不也成了世界级的大文豪吗？

总之，通过与自然科学的比较，我们发现，语文具有创造性、求异性、重悟性和能力等特点，这些特点对"语文往何处去"，即语文的发展有着深刻而又深远的影响。

三

语文创造性、求异性、重悟性和能力的特点，使得语文教育的道路多分岔路，且荆棘密布，无论是教师还是学生，都如牛负重，步履维艰，也使得"语文往何处去"成了一个无解之结。

没有哪一种教学方法是灵丹妙药，可以让所有的人都学好语文。但也好像无论用什么方法教，也都有学生能学好语文。

多读多写是不是就是解决问题的好办法？不是那么简单，如果可以这样，只要一声令下，我们的语文教学就只读课文、只写作文不就行了？过去的私塾就是这么做的，学生都学好语文了？恐怕没有。叶圣陶曾说，这种语文教学不注重方法，效果不好，"大多数书塾的先生却是不注重方法的，他们只教学生读，读，读，作，作，作，讲解仅及字面，改笔无异自作，他们等待着一个奇迹的出现——学生自己一旦豁然贯通。奇迹自然是难得出现的。所以，在书塾里坐了多年，走出来还是一窍不通，这样的人着实不少”。蔡元培也有类似的看法，他在《中学国文科教授之商榷》序言中说：“若吾人之治国文，则教者之所授，学者之所诵，模范文若干首已耳。而此等模范文，又大率偏于文学之性质，不必悉合乎论理者。于是学者不知其所以然，而泛泛然模仿之，教者亦不言其所以然，而泛泛然评改之，直如取埃及木乃伊而相与为表面之赏鉴，又奚怪乎中学毕业而国文尚在似通非通之境也。”

所以多读不一定就能读好，多写不一定就能写好。余秋雨在《借我一生》中提到一件事：某人半辈子迷醉于写作，日日练笔，月月投稿，而成果不佳。某日，他拿着新到的《人民文学》给他十几岁的女儿看，说：“整天只知道玩，人家与你一样的名字，文章都发表到《人民文学》了！”女儿怯生生地告诉父亲，这正是自己的作文，是老师推荐发表的。从此父亲不再练笔，顷刻老去。

有人提倡课外阅读。课外阅读当然重要，但不上课了，语文课就让学生到图书室里自由阅读，学生的语文就都好了？肯定也不是那么回事。吕叔湘说得明白：“得益于课外书”的是少数“语文比较好的学生”。

“满堂灌”不好？可是国学大师季羡林回忆胡也频当年在山东济南省立高中上课，“不但不讲《古文观止》，好像连新文学作品也不大讲。每次上课，他都在黑板上大书‘什么是现代文艺’几个大字，然后滔滔不绝地讲了起来，直讲得眉飞色舞，浓重的南方口音更加难懂了。下一次上课，黑板上仍然是七个大字‘什么是现代文艺’”。这样的老师，这样的课，拿现在的标准衡量绝对是不合格的。但是，季羡林却说，“我们这一群年轻的大孩子”不但在课堂上“听得简直像着了迷”，还在课下“按照他的介绍买了一些当时流行的马克思主义文艺理论书籍”读，使得“‘现代文艺’这个名词”“时髦起来，传遍了高中的每一个角落”。

课上一点不讲也不行吧？可是季羡林又说，俞平伯当年在清华大学讲唐诗宋词，就是自己在讲台上摇头晃脑地朗诵。有时闭上眼睛，完全沉浸于诗词的境界中；有时蓦地睁大了眼睛，连声说："好！好！好！就是好！"学生正在等他解释好在何处，他却已朗诵起第二首诗词来了。现在即使在大学，这样上课也不行吧？但这并未妨碍俞先生培养人才。

现在的机械训练的确是不好的，可是做题、读写"两手都抓，两手都很硬"的学生肯定也有。看那些优秀的考场作文，是不是也不乏思想深刻、文采斐然的佳作？

所以，对语文学科要有一颗平常心——它不是所有的人都能学好的。正如数学、物理、化学、英语等学科，也不是所有的人都能学好的一样。

那为什么学不好别的科目没有人说三道四，学不好语文却天怒人怨呢？大概因为语文是母语，学不好说不过去；也因为语文的外延与生活相等，用途太广泛，学不好处处露怯，太容易被人发现。

所以，我觉得，想让所有的人都学好语文是一个误区。

从这个角度出发，可不可以这么说：百年来，语文教育的出发点是让所有人都学好语文，这就陷入了误区，结果南辕北辙，效果更差，反而把语文教育拖进了矛盾的漩涡。

四

语文教育面临着哪些矛盾呢？

1. 知识与文章——语文教学内容的矛盾

如上所说，语言不是依靠知识而产生，又不是依靠知识而运用的，所以，知识不应是语文教学的主要内容。"知识就是力量"，说的是自然科学，在语文这里，知识不是力量，至少不是起决定作用的力量。

那么，语文应该学什么？语文的教学内容应该是什么？

传统的语文教学是以文章为教学内容。在中国古代，学生在学校读的是文章。识字如“一、二、三、四……”，也要编成歌谣：“一去二三里，烟村四五家。亭台六七座，八九十枝花。”启蒙教材《三字经》《千字文》中都负载着丰富的内容，《百家姓》虽只是姓氏的堆积，也要押韵如诗歌。学生主要的学习活动是读背和仿写。

但是在叶圣陶看来，这种语文教学不注重方法，效果不好：“如今学习时间既已减少，而应得的成绩又非得到不可，唯有特别注重方法，才会收到事半功倍的效果。多读多作固属重要，但是尤其重要的是怎样读，怎样写。对于这个‘怎样’，如果不能切实解答，就算不得注重了方法。”

在叶圣陶看来，懂得怎样读、怎样写似乎比读写本身更重要。而怎样读、怎样写，就是关于读写的知识，也就是说，懂得读写的知识，比读写本身重要。

于是，现在的语文教材，虽然继承了传统——以文章为主体，但知识也作为教材的附属进入了教材。文章的卧榻旁，有知识酣睡，矛盾就产生了。

2. 教考分离——语文教育行为的矛盾

语文教材以文章为主，知识为辅，本来也没有错——若学生既能大量读写，又能了解一些读写知识作为指导，岂非珠联璧合，相得益彰？但另一个因素——考试的介入，却彻底改变了语文教材的格局，打破了文章与知识的平衡。

清末之前，没有现代意义的学制，即没有现代意义的学校、班级、课程设置和考试方式。现在的中小学，古时称“蒙学”，多以私塾方式进行。私塾的规模一般不大，收学生多者二十余人，少者仅几人。对学生学习的考查方式，主要是随时检查学生的读、背、写字和写作（对对子，做诗文）情况。

现在实行班级授课制，每班几十人，考试是常规的教学活动，要定期进行，如周考、月考、期中考、期末考，毕业班级还有模拟考，等等。而且考试书面化，即要编制试卷。于是朗读、默读就没法考了。背诵可以用默写考，但不能多，而且现在的教材也没有那么多要背的东西。只考一篇作文？从“科学”的观点看来，作文并不能代表全部的语文素养，而且无论是写作过程还是判卷，都有很大的偶然性和主观性，也未必妥当。那么还考什么？语文教育工作者、语文教育专家经过长期的研究和考试实践摸索总结，把语文知识能力分成若干个点，大致归纳为五大部分，共三十多个考点，而不直接从课文中出题。这些考点涉及语音、文字、语汇、语法、修辞、逻辑、阅读、写作等，覆盖了语文学科的各个方面，也覆盖了一个人语文素养的方方面面，满分为150分，时间为150分钟，平均1分1分钟。从表面上看来，这种设置是颇为严谨的。

于是，知识就不但进了教材，也进了试卷。

相应的，这些考点被编成考试大纲（以下简称“考纲”），与教学大纲（以下简称“教纲”，现在称“课程标准”）“双峰对峙，二水分流，各尽其妙，莫相上下”。然而教纲往往太概括，离考试太远，缺乏可操作性，远不如考纲既具体又与考试关系紧密，因此也就不如考纲受重视——语文教师之盼考纲直如大旱之望云霓。

于是，知识就不但进了试卷，还进了大纲。

考点中不也包括了能力吗？是的，除了文学常识，知识是不直接考的。但在能力的背后，处处可见知识的影子。考语音，则涉及语音知识；考汉字，则涉及汉字知识；考语汇，则涉及语汇知识；考阅读写作，则涉及阅读写作知识……解答试题也有自己的一套方法、技巧，这也是知识，是程序性知识，而且是更重要的知识。学生在解答试题时需要这些知识，在分析试题时也需要这些知识——不用知识就说不清楚。如为什么“通过他的批评，使我认识到了自己的错误”是病句？因为成分残缺，缺主语。那什么是句子成分？什么是主语？这就需要学习语法，学习有关病句的知识。

而这些知识在教材里是没有的，需要根据考纲另行编写。教学有教材，考试有根据考纲编写的复习资料即考点训练资料。语文的教学和考试，实际上成了两个相对独立的系统。对于这些复习资料，官方的教育部门是不承认的，甚至是排斥的，所以它不叫教材，叫教辅，是教学的辅助用书，或叫学辅，是学生学习、考试的辅导材料。

于是，知识就不但进了教材，进了试卷，进了大纲，现在，还有了独立的地位，成了“割据一方的诸侯”。

教辅用书既是“辅”，就应居于次要地位。然而，教辅用书因其与考试关系密切，便与教材分庭抗礼，以一本而对教材之六册，却丝毫不落下风。教师对教材有处置权，其中的文章可教可不教，但中高考资料中的每个章节，似乎都不能落下。

非但分庭抗礼，教辅用书还要反客为主，后来者居上。一般来说，考试常采用不完全归纳法，试题所考查的内容只是知识海洋中冰山上的一角，为了这水面上的一角，学生就要花费千倍万倍的努力去对付水面下那巨大的冰山，教师和学生的负担岂能不重？如古典诗词，教材中只有一两个单元，考题中只有两道小题，共 8 分左右而已。但复习资料中却从形象、语言、表达技巧，到思想内容、观点态度，洋洋洒洒，可有十数万言之多，俨然一门小型古典诗词鉴赏学。

这就导致了教与考的分离——教的东西不考，考的东西不教，至少，在正式的教材里没有，这使语文教学陷入了尴尬的境地。曾经有位家长问我，学习课文有没有用。因为他的儿子在某高中读书，三年里一篇课文也没学。

于是，教辅用书长盛不衰，围之不乱，攻之不溃。

3. 读写与考点训练——语文教学方法的矛盾

传统看法认为，语文的学习靠潜移默化，靠在潜移默化的基础上的顿悟。课文的教学方法，主要是组织学生朗读和默读，通过问答、讨论或其他学习活动，让学生理解课文的思想内容，体会文章艺术方面的特点，对精彩的文章或文章中精彩的段落、句子，则要求学生能够背诵，能够模仿，以此完成对所学文章的内化，从而提高语文素养。

但是这需要时间，甚至是漫长的时间，所谓“读书如服药，药多力自行”。现代社会节奏如此之快，学生在学校里学习的科目如此之多，刚入学椅子还没坐热，考试便来了，大家要的是立竿见影的效果，谁还能容忍慢慢腾腾的蜗行龟步？

况且，如前所说，没有哪一种教学方法是灵丹妙药，可以让所有的人都学好语文，做题不能，多读多写也不能。我们强调多读多写，不过是觉得就语文学科而言，多读多写是一种比机械训练好的方法。但多读多写如服中药，要经过较长的时间才有可能看得出效果（是有可能，而不是有绝对的把握）；机械训练如西药，在现今的考试体制下，在短时间内反而可能更容易看到效果（当然也只是可能）。大家都做题（进行考点训练），我也做题，效果不好至少有垫背的，不全是个人的责任；大家都做题，我不做题，而去读写，效果不好就是我个人的责任了。与其如此，还不如做题来得直接，来得稳妥，来得放心。

可是，对教材的学习，即读写，又不能一点不顾。

语文教学中，语文教师和学生就处在尴尬的境地，“两间余一卒”，“荷”笔“独彷徨”，在这两个系统之间疲于奔命，进退维谷，顾此失彼，狼狈不堪。

五

语文创造性、求异性、重悟性和能力的特点，决定了语文不是人人都能学好的，有人学不好语文是正常的。“语文往何处去”是一个无解之结。如果勉强给它一个无解之解，我想可不可以是分级？

所谓分级，就是根据不同人对语文的不同需求和社会对不同的人的语文水平的不同要求，给语文水平划分不同的等级。类似的想法，前人也提过，如对学习文言文，张中行就提出可以一部分人学，一部分人不学。

英语能分级，汉语为什么不能？汉语分级当然不太容易，但也不是太难，譬如可不可以这样分：

2500个常用字必须会读、会写、会用，而且要读得准、写得好、该用的时候用得上。这是底线，能达到这个标准，语文就可以算基本过关了。在这个基础上，可分四个等级。

一级，在小学阶段完成。能读、写简单的应用文、记叙文、说明文，能借助注释、译文读懂浅近的古诗词和文言文片段。

二级，在初中阶段完成。能读、写比较复杂的应用文、记叙文、说明文，以及简单的议论文，能借助详尽的注释和工具书读懂比较浅近的古诗词和文言文。

三级，在高中阶段完成。能读、写复杂的应用文、记叙文、说明文，以及比较复杂的议论文，能进行简单的文学创作（如诗歌、散文），能借助简单的注释和工具书读懂古诗词和文言文。

四级，面向大学中文专业的学生。能借助工具书读懂古诗词和文言文，能创作古体诗词，能写文言文，能进行文学创作。

分级的难点在定量，比如，什么是简单？什么是复杂？定级也可以再细一些，可以像英语一样，分八级；也可以像普通话过关一样，分几等几级。只要实行了分级，这些都可以商量，也应该能商量出个结果。

分级方案确定后，这一方案要成为教纲和考纲的主要内容；在分级的基础上，教纲、考纲应该合二为一；在两纲合一的基础上，完成教材的整合；在完成教材整合的基础上，实现教学、考试两个系统的汇合，从而消除教学和考试分离的现象。

学生毕业，除毕业证外，另发语文等级证，语文达不到相应的等级，就不发相应的毕业证。学生就业，行业要根据需要，对语文等级提出相应的要求，达不到相应等级的，就不予聘用。

语文等级证是学力证明，不论什么学段什么专业，只要具备了相应的学力，就可以申请考取相应的等级证。

这样，人们就能达到相应的语文水平，我们就可以避免不分青红皂白，笼统地说语文教育效率低下了。

如此，我们可不可以这样说：语文从何处来？从创造来。语文往何处去？往分级去。

语文学习的目标与手段

什么是语文？叶圣陶说，语文就是语言，口语为语，书面为文，合称语文。所以，学习语文就是学习语言。

语言是什么？列宁说，语言是交际的工具。工具是拿来用的，不是拿来研究的。所以，学习语言即语文的目标，就是掌握它，并用它来进行交际，而不是对它进行研究。

目标决定方法。那么，应该怎样学习语言呢？很简单，就是模仿。

吕叔湘在北京景山学校所做的《谈语言的学习和教学》报告中指出："学习语言的一般过程是模仿→变化→创造。"

学习口头语言靠模仿，儿童就是凭着模仿习得口头语言，从模仿到创造、从不会说话到会说话的。吕叔湘说："儿童学语言的第一步是模仿。在语言教学中要注意模仿的重要性……大人说'给我一杯茶'，小孩子跟着说'给我一杯茶'，是模仿。说'给我一块糖'，就是加以变化。把已经熟悉的语言材料加以新的组织，也属于变化。例如将'把它吃了'和'吃得干干净净'组织成'把它吃得干干净净'。这些都是三四岁的儿童就能做到的。"

学习书面语言也要靠模仿。著名语文教育家张志公说："模仿，是学习的必经之路。不仅初入学的孩子爱模仿，中学生、大学生以至早已离开学校的成年人，都在有意无意之间模仿自己认为好的事物……"这"好的事物"中，当然包括好的文章。张震南在《师范国文述教》一书中说："无意难为作，求通必读书；篇章供模仿，文语没差殊。"

模仿可分为以下两种。

第一种是有意的、直接的模仿，或说是主动的模仿。这种模仿往往有特定的对象和目标。汉乐府诗就曾被许多诗人模仿过，如南朝诗人鲍照就写过《拟行路难》，大诗人李白也曾三拟《文选》。

第二种是无意的、间接的模仿，或说是被动的模仿。这种模仿没有特定的对象和目标，是由于阅读过程中文本对读者潜移默化的浸润和影响。

现代作家冰心在《忆读书》一文中自述读书经历，“我自从会认字后不到几年，就开始读书。倒不是四岁时读母亲教给我的商务印书馆出版的国文教科书第一册的‘天、地、日、月、山、水、土、木’以后的那几册，而是七岁时开始自己读的‘话说天下大势，分久必合，合久必分……’的《三国演义》”，“同时还看了母亲针线笸箩里常放着的那几本《聊斋志异》，聊斋故事是短篇的，可以随时拿起放下，又是文言的，这对于我的作文课很有帮助。因为我的作文老师曾在我的作文本上，批着‘柳州风骨，长吉清才’的句子……”

当代北大才女田晓菲，两岁左右就与哥哥一同看连环画，哥哥读，她边听边看，就识了字，渐渐地自己也能读了；三岁时，她就已经读了不少寓言、童话、故事；十一岁时，她出版了第一本诗集《绿叶上的小诗》。

由此可见，在学习语文的过程中，作用最大的是无意的、间接的模仿。

那么，为什么要通过模仿学习语文呢？

首先是由语言的生成性决定的。

詹人凤教授在《语言学概论》一书中提出，以词而论，就是某个词总在某个场合出现，遇到相同的场合，人们便会自然地用上这个词，即使这个词的意义他并不理解；以句子而论，句子是无限的，但句子的模式却是有限的，只要掌握了一定的句子模式，便可据此造出或接收无限的句子。即一个人无须经过专门训练，只要掌握了一定的既有语言材料和语言模式，就可生成或创造他从来没有听过的话，这就是语言的生成性。

这里有两个概念十分重要：语言材料和语言模式。一个人只要掌握了足够的语言材料和语言模式，就具备了运用语言的能力：听是接收信息，包括阅读；生成、创造是表达信息，即说和写。语言材料与语言模式相辅相成：语言材料是珠子，语言模式是线。没有珠子，线没有用处，所谓“巧妇难为无米之炊”；没有线，珠子也没法用，所谓“捧着金碗要饭吃”。而根据既有的语言材料、语言模式生成并创造语言，就是模仿。

其次，是由心理学的连锁学习原理决定的。

所谓连锁学习，就是反复地“刺激—反应”，形成教育心理学家桑代克所说的“联结”，也就是遇到刺激后能立刻做出正确的反应，即形成技能。语言的学习是一个连锁学习的过程：听读的过程中，发现某个词或某个句子总在某个场合出现，这就是反复地“刺激—反应”；遇到相同的场合，便会自然地用上某个词或某个句子，这就是遇到刺激后能立刻做出正确的反应，即形成了联结，亦即形成了运用语言的技能。

所以，皮连生说：“语文基本技能中既有动作连锁成分，又有言语连锁成分。连锁学习不能用有意义的学习理论解释，由此决定了语文学习可以从模仿开始。”

据说，犹太语中“学习”一词的说法是“密什那（Mishnah）”，意思就是反复学习。

古代语文教育中的积累与记诵

首先要说明的是，中国古代语文并未单独设科。但为了阐释的方便，我们还是以“语文教育”称之。

中国古代的语文教育，特别是小学（古代的“小学”不同于现代的“小学”）的语文教育以内容丰富又便于记诵的蒙学教材为学习内容，以积累语言材料和语言模式为主要学习目标，以记诵为主要学习手段。可以说，中国古代的语文教育，特别是小学的语文教育，是以积累记诵为本的。

1. 以内容丰富又便于记诵的蒙学教材为学习内容

张志公在《关于改革语文课、语文教材、语文教育的一些初步设想》一文中说：“传统语文教育头绪很简单，一点都不复杂。一共干两件事：一是花大力气对付汉字，一是花大力气对付文章……简要地概括一下，识字加做文章＝语文教育……”他又说：“这样的性质和目的决定了教学内容——识字加读古文加做古文（一般古文和八股文）……决定了学语文的主要手段——记诵和模仿。”

他说传统的语文教育中“学语文的主要手段”是“记诵和模仿”，这总结得非常好，但他说传统的语文教育是“识字加做文章”，却似乎不够准确了——古人的识字不是孤立的，而是与阅读紧密结合的。识字课本中并不是单个的字，而是有内容的，是承载着丰富的文化知识的，所以，识字也是阅读课本。可以说，古人的识字主要是在阅读中进行的。因此，张志公说在古代“识字加做文章＝语文教育”，就有失偏颇了。即使在古代，语文教育的外延也还是阅读和写作。

史籍上说西周已有字书，即识字课本，供教学之用。

中国历史上记载最早的儿童识字课本是《史籀篇》。《汉书·艺文志》载“《史籀》十五篇”，注云：“周宣王时太史籀作大篆十五篇”，又注云：“《史籀篇》者，周时史官教学童书也”。《说文解字·叙》引西汉《尉律》：“学童十七以上，始试，讽籀书九千字，乃得为吏。”可见《史籀篇》收字在九千以上。

对《史籀篇》的文体，王国维说：“《仓颉》文字既取诸《史篇》，文体亦当仿之。”《仓颉》的文体又是什么样子的呢？有一片出土汉简上有四十字：“仓颉作书，以教后嗣。幼子承昭，谨慎敬戒。勉力风诵，昼夜勿置。苟辑成史，计会辨治。超等轶群，出元别异。”这是《仓颉》首章的前一部分。由这一部分可见，《仓颉》的文体是四字一句，两句一韵，并且是承载着丰富的文化知识的，句式简短，字词押韵，便于记诵。

内容丰富，便于记诵，是中国古代蒙学教材的特点。

被后世认为是古人集中识字的教材的“三”“百”“千”（《三字经》《百家姓》《千字文》），除《百家姓》外，《三字经》《千字文》都继承发扬了《史籀》《仓颉》的传统，承载着丰富的文化知识，是浓缩的中国古代社会的百科全书，都便于记诵。

张志公在《传统语文教育初探》一书中提到，《三字经》比较通行的版本（如所谓《徐氏三种》本）共一千二百四十八字，大致包含五部分内容：（1）“教”和“学”的重要性；（2）封建伦常；（3）数目、四时、五行、六谷、六畜等基本名物；（4）“小学”“四书”“六经”和“五子”等基本知识；（5）历史知识。

再以《千字文》为例。《千字文》并不是一千个单字的简单堆积，而是用这些单字组织成通顺的、能够表达一定意义的若干句子，其内容涉及天文、地理、历史、务农、读书、饮食、祭祀等生活的各方面，以及为人处世的道理。

《三字经》三字一句，《千字文》四字一句，且都是押韵的，便于儿童记诵。相比较而言，白话文背诵的难度反而更大。试问，“人之初，性本善”与“人在最初的时候，本性是善良的”相比，哪个更容易背诵？

其实，不仅是蒙学教材、诗词歌赋，就是普通的文言文，因其简约、节奏感强，与白话文相比，也是更容易背诵的。

感谢我们的老祖宗，发明了文言文这样一种便于积累记诵的文体，方便语文的学习。可惜，后代子孙不肖，把它当作一块抹布一样扔掉了。

2. 以积累为主要的学习目标

如前所述，蒙学教材既是识字的教材，更是积累的教材。所以，张志公所说的传统语文教育“花大力气对付汉字”是不准确的，应该说是花大力气进行积累。

中国古代的小学语文教育，以积累为学习目标。在现在的语文教育中，我们也常常说学习语文要注重积累，但似乎很少有人深究该积累些什么。

积累的内容应该包括以下三个方面。

第一，积累语言，又可以分为两个方面：（1）语言材料，即语汇，包括词语、典故、警句等；（2）语言模式，即语词、句子、篇章的结构模式，包括修辞方法在内。

第二，积累知识，包括自然科学、社会科学的知识。

第三，积累思想，即书中所阐述的道理。

我们说中国古代的蒙学教材，既是识字的教材，更是积累的教材，就是因为它能很好地达成这三个方面的积累目标。下面我们以《三字经》为例，来看看蒙学教材的积累作用。

《三字经》中的开头“人之初，性本善。性相近，习相远。苟不教，性乃迁。教之道，贵以专”，讲述了人性、教育的意义和规律，语言简洁，道理深刻，每一句都是可以引用的警句。“昔孟母，择邻处。子不学，断机杼”则是典故，学生背诵下来，就是积累了语言材料。

《三字经》虽不涉及篇章，但有着丰富的语言结构，如开头这一段，就有偏正（人之初）、主谓（性相近）、动宾（断机杼）、连动（择邻处）等句式，甚至有假设复句（苟不教，性乃迁），学生背诵下来，就是积累了语言模式。

“昔孟母，择邻处。子不学，断机杼”是典故，也是历史知识。后面“自羲农，至黄帝。号三皇，在上世。尧舜兴，禅尊位。号唐虞，为二帝……”则是浓缩的中国通史，学生背诵下来，当然就积累了丰富的历史知识。

而“人之初……贵以专”几句，讲的是有关人性、教育的道理，学生背诵下来，就等于是积累了思想。

其他的蒙学教材也是如此。

现在不是提倡语文素养吗？什么是语文素养？

我们可以根据中国古代的蒙学教材列一道算式：丰富的语言（即丰富的语言材料＋丰富的语言模式）＋丰富的知识＋丰富的思想＝语文素养。

3. 以记诵为积累的手段

因为以积累为目的，所以，中国古代的小学语文教学只是要求学生熟读和背诵；因为记诵与理解矛盾，所以中国古代的小学语文教学并不讲解。正如吕叔湘在《关于语文工作的一些感想》中所说，念《三字经》《千字文》不讲，念《论语》《孟子》也不讲，每天念十行八行，会背了就行了，过三四年后才讲，叫“开讲”。一般来说，古人在蒙学教育阶段，开始只做“点读”，即断句。有时由先生领读一句，学生跟读一句，领会一句；读到一定程度，领读一段，跟读一段。

记诵既是积累的手段，也是考查积累水平即语文素养的方式。也就是说，看一个人的语文水平如何，就要看他的记诵水平。《陈书》列传第十二中记载："（韦载）年十二，随叔父棱见沛国刘显，显问《汉书》十事，载随问应，无凝滞。"《南史》卷六九中记载："（虞荔）年九岁，随从伯阐侯太常陆倕，倕问《五经》十事，荔对无遗失，倕甚异之。"记诵牢固、广博受人赞赏，而记诵不广博则会遭人嘲笑。《唐诗纪事》卷五四记载了一个故事。宰相令狐绹有个典故不懂，问温庭筠。温庭筠说，这个典故出自《庄子·南华经》，不是僻书，希望你做宰相的也抽点时间多读点书吧。令狐绹大怒，向皇上奏报温庭筠有才无行，导致他始终不能登第。温庭筠遂有诗云："因知此恨人多积，悔读南华第二篇。"

在中国古代，记诵的水平甚至是做官的必要条件。汉初萧何起草法律，明文规定：太史试学童能讽书九千字以上乃得为史。"讽书"就是背诵、默写，这一条规定的意思就是，要能够背写九千字以上才能当上郡县史。

不仅如此，记诵的比赛甚至成为中国古代一些文人的娱乐活动。李清照在《金石录后序》中说，"余性偶强记"，与丈夫赵明诚"每饭罢，坐归来堂烹茶，指堆积书史，言某事在某书某卷第几页第几行，以中否角胜负，为饮茶先后。中，即举杯大笑，至茶倾覆怀中，反不得饮而起"。

与古人相比，我们记诵的那点东西还好意思说出口吗？

总之，熟读背诵，既是学习识字的过程，也是积累知识、积累思想的过程，更是积累语言材料、积累语言模式的过程，还是学习语言的类化过程，以及建立联结的过程。这就为模仿，即运用语言表达（写作）打下了基础。当语言材料和语言模式乃至知识、思想积累到一定程度，写作实际上就瓜熟蒂落、水到渠成了。

4. 以积累记诵为本的语文教学模式的效果

这种以积累记诵为本的语文教学模式的效果怎么样？应该说还

不错。

先说阅读。史载：班固年九岁，能属文诵诗赋，及长，遂博贯载籍，九流百家之言，无不穷究（《后汉书·班彪列传》）；司马迁年十岁诵古文（《汉书·司马迁传》）；北齐颜之推七岁诵《鲁灵光赋》（《颜氏家训·勉学》）……

再说写作。史载，许多人十岁左右就开始写作了。他们都能写什么呢？

(1) 写应用文的：南朝齐刘孝绰十四岁代父起草诏告（《南史》卷三九）；南朝梁徐勉六岁作《祈霁文》（《南史》卷六十）……

(2) 写议论文的：晋朝王敬仁年十三，作《贤人论》（《世说新语·文学》）……

(3) 写书信的：晋朝虞亮的儿子虞和，十五岁时写信给他的叔父虞翼，劝虞翼不要进据襄阳（《晋书》卷七三）；南朝梁任昉八岁时自制月仪（按季节向人问候的书信）（《南史》卷五九）……

(4) 写诗的：南朝梁谢贞八岁时写出"风定花犹落"的好诗（《南史》卷七四）……

可见，那些对传统语文教育的攻击，如我国近现代教育家吴研因在《清末以来教科书概观》中所说的那样：古代儿童读文言读物，"一定要花上七八年的功夫，读得烂熟了，再由老师开讲，然后才渐渐地明白一点字义跟章句；至于圣贤的大道理，往往读了一辈子读到老死，也读不出什么来"，即使少数天才能把书读通了，到那时"天才也成了废才弃才了"。这多是有意无意地对传统语文教育的妖魔化，是不符合事实的，用于现当代的语文教育倒挺合适。

现当代语文教育模式及其弊端

1. 现当代语文教育的模式

现当代语文教育的模式是以浅显的白话文为学习内容，以解读文本为学习目标，以理解分析为学习手段。

(1) 以浅显的白话文为学习内容

1919 年，全国教育联合会提出《推行国语以期言文一致案》，白话文教材开始进入课堂，并逐步取得了主导地位。与此同时，以解读文本为主要学习目标、以理解分析为主要学习手段的语文教育模式也逐步形成。

为什么要用白话文代替文言文？因为文言文难懂，白话文易懂。

白话文为什么易懂？因为它与口语是一致的，也就是“言文一致”。

口语的交际方式是口说耳听，一听就能懂。既然白话文与口语一致，那它是不是一听也能懂？答案当然是肯定的。吕叔湘在《文言与白话》一书中指出了文言与白话的区别：“白话文是现代人可以用听觉去了解的……文言是现代人必须用视觉去了解的。”正如他在《开明文言读本》的导言中所说“能用耳朵听得懂的是语体，非用眼睛看不能懂的是文言”。

为了迎合儿童的兴趣，体现以儿童为中心的理念，白话文教材的编写者还往往注意在教材中用儿童熟悉的语汇和句式。例如：

《起来》：鸡叫了。天亮了。起来，起来，快快起来。我推窗，我看见红红的太阳。

《天亮了》：公鸡叫，天亮了。宝宝快起来，起来上学校。

即使随着学生就读年级的升高，课文渐长，并且蕴含着一定的道理，也依然如此。如下面这篇《老猴子》：

老猴子戴了帽子，穿了衣服，走到园里。公鸡、鸭子、小猫看见了，都说："一个人来了！一个人来了！"老猴子听了，非常得意。

老猴子又走到街上，人们看见了，都说："猴子来了！猴子来了！"老猴子听了，很不快乐。老猴子走到田里，问黄牛说："牛公公，我已经变成人了，怎么人们仍旧叫我猴子呢？"

黄牛说："你要变成人，先要学人做的事。现在，你戴了帽子，穿了衣服，不会做事，怎能就是人呢？"

这篇课文中蕴含了"一个人要努力做事"的道理，但明白如话，即使是小学生，也能一读就懂。

这样的教材，浅显倒是浅显了，但编者似乎忘记了或者说是忽略了一件事：就语文学科而言，儿童到学校来要学什么？仅仅是识字写字吗？当然不是。除识字写字外，更重要的是要进一步增加积累。

但是，这样的白话文教材只有识字的作用，没有积累的作用，因而也就没有记诵的价值。

① 学习这样的教材能够积累语言吗？

这篇课文中的语汇和语言的模式都是儿童在学前就已经掌握甚至很熟悉的。所以，它没有积累的价值。

《老猴子》这篇课文，明显是根据成语"沐猴而冠"改编的，两者蕴含的信息量差不多。"沐猴而冠"只有四个字，可以在句子中运用，所以它已经成为语言材料；而《老猴子》近两百字，就不能作为语言材料在句子中运用了。

② 学习这样的教材能够积累知识吗？

上面所引的《起来》《天亮了》有什么知识蕴含其中呢？即使有的课文有知识，如下面这篇《母鸡孵蛋》：

老母鸡找到了几个鸭蛋，当它是鸡蛋。老母鸡孵蛋孵出小鸭来。老母鸡说：“咦！你的嘴怎么是扁的？你的脚趾窝怎么是生皮的？”老母鸡带了小鸭到河边玩。小鸭走到水里，老母鸡喊道：“哎呀！不好啦！我的孩子要淹死啦！”

在这个故事里，蕴含的知识是鸭与鸡的区别，然而这样的知识，学生在生活中就可以获得并积累了，不必编成教材，即使要编成教材，也可以让学生在课外阅读，而不必在课堂上讲读。因为，这样的知识未必有积累的价值。

③ 学习这样的教材能够积累思想吗？

以上所引的几篇课文中，只有《老猴子》讲了“一个人要努力做事”的道理。如前所述，《老猴子》是根据成语“沐猴而冠”改编的，两者蕴含的信息量差不多，但字数相差悬殊，那么，用学《老猴子》的时间学习诸如“沐猴而冠”这样的成语，能学多少个？所以，即使现当代的小学语文课文中蕴含道理，但一篇课文只表达一个道理，密度显然是不够的。

密度不够，即量不够，而不能引起质变的量没有意义，因此现当代的小学语文教材缺乏底蕴。

这一点在白话文代替文言文的同时，就遭到了诟病。

据范远波《民国小学语文教材研究》（2007年华东师范大学博士论文）介绍，余景陶就对白话文教材的这一缺点进行了猛烈的抨击。

余景陶认为教材有改造人性、修身养心的作用。他赞同“硬教育”的主张，认为语文学科不仅要培养学生的文字技能，更重要的是要让学生在精神上受到熏染，形成高尚的精神或健全的心态。“旧日读‘人之初，性本善’，当时虽不能尽解，而事后回想，究不无甚深之意义存焉。纵令所解者仅有一部分，而得其片言只字，如‘可以人，不如物’‘幼不学，老何为’之类，既已受用无穷。今日之教本，似若易解矣，但不知解此又复何用耳？儿童智力发达后，回想其幼时之所学，尚有足以为其人生之指南者否乎？教育家徒重形式而不重实质，其所教之人，势必心中空洞无物，一入人生大海，茫茫无所依据，真不知有若干悲剧从此而生矣”。

因此，他指斥当时国语教材的语言“充满兽话禽言”，了无意义。如“写字用毛笔，什么毛？羊毛；什么羊？山羊；什么山？青山；什么青？石板青……”他认为将这样的材料编入教科书之内，是在戕害儿童的生命，纵有兴趣主义、儿童中心等美言名词来维护和夸耀，也不能掩盖这一事实。

我认为，这样的批评并不算过分。而且，因为白话文不如文言文简练，也不像文言文那样有韵律、有节奏感，记诵的难度其实是大于白话文的。

当代的小学语文教材与民国时期的相比，没有本质上的不同。如人教版第三册的《一分钟》这篇课文：

丁零零，闹钟响了。元元打了个哈欠，翻了个身，心想：再睡一分钟吧，就一分钟，不会迟到的。

过了一分钟，元元起来了。他很快地洗了脸，吃了早点，就背着书包上学去了。走到十字路口，他看见前面是绿灯，刚想走过去，红灯亮了。他叹了口气，说：“要是早一分钟就好了。”

他等了好一会儿，才走过十字路口。他向停在车站的公共汽车跑去，眼看就要跑到车站了，车子开了，他又叹了口气，说：“要是早一分钟就好了。”

他等啊等，一直不见汽车的影子，元元决定走到学校去。

到了学校，已经上课了。元元红着脸，低着头，坐到了自己的座位上。李老师看了看手表，说：“元元，今天你迟到了 20 分钟。”

元元非常后悔。

这篇课文，讲的道理是要爱惜时间，用了二百八十字，语汇、句式都是儿童熟悉的，不能作为语言材料在表达中运用，没有积累的价值。而传统蒙学教材《千字文》只用八个字“尺璧非宝，寸阴是竞”就表达了同样的道理，语汇、句式都是儿童陌生的，且可以作为语言材料（成语）在表达中运用，因此有积累的价值，且文字简练而易于积累。两者孰优孰劣，岂非显而易见？

现当代语文教育的失败，从教材中就可见端倪。

（2）以解读文本为学习目标

如前所述，古代的小学语文教育以积累为目标，以记诵为手段，所以并不注重文本的解读。

白话文教材代替了文言文教材之后，语文该怎么教？依照常理推论，儿童小时候学习口语时不用讲，上学学习书面语时已经长大了，更不用讲了吧？听不懂的文言文都不讲，轻易就能听懂的白话文，而且是用儿童熟悉的语汇和句式编写的课文就更不用讲了吧？

但诡异的是，恰恰相反。文言文可以不讲，白话文反倒要讲，不但要讲，还需要采取一系列别的手段作为讲的补充。

早期语文教育改革家何仲英在1920年用对话体发表了论文《白话文教授问题》。文中“客”与“我”的对话，颇能反映当时教育界对白话文教授的认识。

客：这（白话文）还用教吗？……我只觉得白话文可以让学生自己看，随意学习罢了，何为教授？小学生或因程度不够，教员不得不略为讲解，中学生谁看不懂，还要讲吗？……教员本是为讲解的，学生懂，无须教员讲解，教员还要讲解，岂不白浪费时间，生了学生厌恶的心理呢？

“客”的质问是有道理的：白话文学生都懂，这就代表着他们能够通过语言文字从文本中获取信息了，还需要教吗？这种教不是浪费时间，不是无效教学吗？“客”的疑问，一定是当时许多人的疑问，甚至，它也同样是当代人的疑问。

赤峰市教研室丛智芳老师的博文《语文教育的抉择》中提到这样一件事。一位老师教《鱼游到了纸上》，让学生默读课文，画出青年看鱼、画鱼的句子，并思考：鱼是怎样游到心里的？“鱼游到了心里”和“鱼游到了纸上”是什么关系？学生抓住关键词语，理解了青年的专心和勤奋，理解了“游到心里”和“游到纸上”的关系。然后她说：其实学生初读课文时就理解了二者的关系。既然如此，学生已经理解的东西为什么还要教呢？她回答不了，陷入了迷惘。

相同的疑问，竟然跨越百年，想一想，满心苦涩。

还是听听“我”是怎么回答的吧。

我：你误会了！你把“教授”二字，当作“讲解”不大对。国文教授，包括预习、讨论、讲解、深究、练习种种，决非“讲解”就是“教授”……我们教授白话文的，也不能说教学生“看得懂”就算我们尽教授的责任。还有内容形式方面种种推敲，要大家讨论……尽管一篇很短的白话文，一目了解，也许讨论几小时未曾完结……

对于“白话文学生都懂，为什么还要教？”这个疑问，“我”的回答是语文教育不只是讲解，还要经过预习、讨论、深究、练习等种种步骤，“尽管一篇很短的白话文，一目了解，也许讨论几小时未曾完结……”这明显是答非所问，顾左右而言他：既然白话文学生都能懂，不需要讲，讲解是浪费时间，那么，“预习、讨论、深究、练习”，甚至“讨论几小时未曾完结”，岂不是更不需要、更浪费时间吗？

那到底“为什么还要教”？

原因其实很简单——既然白话文教材没有积累的作用，没有记诵的价值，课堂上就不能一味地让学生读，也没必要让学生背。在这种情况下，如果不讲，即解读文本，语文的课堂岂不成了一个空壳？一节课40分钟，学生用10分钟就读完课文了，剩下的30分钟干什么？教师、学生大眼瞪小眼吗？这样，语文教师岂不就失业了？白话文运动岂不要夭折了？

事实上也的确如此。1922年，沈仲九发表文章《国文科试行道尔顿制的说明》，其中提到“自从白话提倡以后，有许多吃国文教员饭的，根本上虽然赞成，但很觉得在教授上不能教。因为教白话却又用不着从前教古文的翻译法了。教古文可以叫学生抄典故，现在典故又用不着抄了。翻译不要翻译，典故不要查考，那么教员还有什么事可做呢？这几年来，教授白话文很困难的声浪，常流动在教育界中。而白话文教授很不易普遍的原因，也大半为此”。而《中学国语教学法》下卷的发端语中也提到，“国语文侵入中学教科书里不过二三年的光景，倘若不从教法上研究，那前途的发展就非常黑暗了”。

那么，白话文到底应该怎么教呢？研究的结果就是要对文本进行解读。所以，现当代的语文教育，当然主要是阅读教学，以解读文本即理解为目标。

1923年，全国教育联合会公布了小学、初中国语和高中国语、国文课程纲要。在吴研因拟定的《小学国语课程纲要》中，关于小学语文教育的方法表述为“语言：初年多用演进法，以后多用会话，讲演，表演”。这就是要求对文本进行解读。

黎锦熙于1924年出版了中国第一部语文教育法著作《新著国语教学法》。其中提出了“三段六步教学法”，第一段即理解。他还提出，词语教学，名词要用实物图画来示意，形容词、动词则要用仿效的动作或拿比喻的形状来示意。

从官方拟定的课程纲要到专家提出的教学法都强调理解即解读文本，学校自然要照办。当时的浙江第一师范学校教学时，就采用问题教学法，共有十种做法，其中的分析（分几段）、综合（概括段落大意）、教师讲演（讲解），都是对文本进行解读。

到20世纪七八十年代仍然如此。1978年的小学语文教学大纲在理解程度方面提出，学生应该理解主要内容，有初步的分析能力。1987年的小学语文教学大纲又提出，要使学生正确理解主要内容，有初步的分析概括能力。将对文本的解读落实到自然段上，理解自然段的训练是中年级阅读教学的重点。1984年袁微子主编的《小学语文教材教法》中说：“自然段的训练，大致有这样几项内容：第一，知道从哪里到哪里是一段话，里面共有几句话；第二，知道每句话的意思，句子与句子在内容上是怎样连起来的；第三，知道几句话连起来的主要意思。”

到现在还是如此。《全日制义务教育语文课程标准（实验稿）》在“课程的基本理念”部分强调，要“指导学生正确地理解和运用祖国语言”，将理解、运用并列。2011 年的新课标则删去了“理解”，改为“正确运用祖国语言文字”，但在“学段目标与内容”中又提出，要“结合上下文和生活实际了解课文中词句的意思”。而关于阅读教学，新课标提到“阅读教学，是学生、教师、教科书编者、文本之间对话的过程”，也就是要求师生通过对话来解读文本。

（3）以理解分析为学习手段

目标决定方法——以积累为语文学习的目标，就一定要记诵；以理解（解读文本）为学习目标，就一定要分析。虽然分析有许多变式，但万变不离其宗，那就是通过分析对文本进行解读。

第一，理解分析与语文教育科学化的理念有关。

现当代的语文教育以理解（解读文本）为目标，以分析为手段，除了前面说过的原因，还与语文教育科学化的理念有关。

随着人类社会的发展和科学的进步，学校开设的课程逐渐增多，学生学习语文的时间就少了，同时，在外国教育理论的映照下，我国传统的多读多写的语文学习方法便显得土里土气。于是，有人认为，语文教育不能一味地多读多写了，要讲究方法，要总结规律，这都离不开理解分析。

五四时期，蔡元培在北京女子高等师范学校做了题为《国文之将来》的演讲，他提到：“从前的人，除了国文，可算是没有别的功课。从六岁起，到二十岁，读的写的，都是古人的话，所以学得很像。现在应学的科学，很多了，要不是把学国文的时间腾出来，怎么来得及呢？而且从前学国文的人，是少数的，他的境遇，就多费一点时间，还不要紧。现在要全国的人，都能读能写，哪能叫人人都费这许多时间呢？”

近现代教育家邰爽秋提出“科学化的国文教授法”：“我以为在现在学生功课繁重的时代，教国文的方法，不在教学生多读，而在教他们精读。精读的结果，是少花时间可将国文弄通，多读的结果，也可将国文弄通，但是多花了时间，牺牲了别的功课了。”

叶圣陶对多读多写的教学方法也是持保留意见的，他说：“大多数书塾的先生却是不注重方法的，他们只教学生读，读，读，作，作，作，讲解仅及字面，改笔无异自作，他们等待着一个奇迹的出现——学生自己一旦豁然贯通。奇迹自然是难得出现的……从前书塾不像如今学校有许多学科，教学的只是一科国文，学生花了多年的时间专习一种学科……如今学校，学科不止一种了，学生学习国文的时间约占从前的十分之二三，如果仍旧想等待奇迹，其绝无希望是当然的。换过来说，如今学习时间既已减少，而应得的成绩又非得到不可，唯有特别注重方法，才会收到事半功倍的效果。多读多作固属重要，但是尤其重要的是怎样读，怎样写。对于这个‘怎样’，如果不能切实解答，就算不得注重了方法。”

至于该怎样注重方法，叶圣陶在《认识国文教学》也有所叙述：“不再像以往和现在一样，死读死记，死模仿程式和腔调。而将在参考，分析，比较，演绎，归纳，涵泳，体味，整饬思想语言，获得表达技能种种事项上多下功夫。不再像以往和现在一样，让学生自己在暗中摸索，结果是多数人摸索不通或是没有去摸索，而将使每一个人都在‘明中探讨’，下一分功夫，得一分实益。”

显而易见，叶圣陶先生所谓的“参考，分析，比较，演绎，归纳，涵泳，体味，整饬”，就是现在所说的理解、分析、研究。

对于这种思潮，范远波在《民国小学语文教材研究》中概括说：“传统语文教育重视量的积累。所谓‘书读百遍，其义自见’即是一例。可是新式学堂的课程设置众多，需要学习的内容丰富……可见，新式学堂的国文学习要想通过量的积累来提高，在时间上已是不允许。但普及教育追求‘全国的人都能读能写’的任务又不能丢掉，因此，唯有变革和优化教学过程，提高教学效率，才是出路。”

范远波这段话已明确道出古今两种小学语文教育模式的区别。“传统语文教育重视量的积累”，说明古代的小学语文教育以积累为本。“新式学堂的国文学习要想通过量的积累来提高，在时间上已是不允许”，是说现当代的小学语文教育不能以积累为本了。“唯有变革和优化教学过程，提高教学效率，才是出路”，如前所说，“变革和优化教学过程”就是要以理解分析（解读文本）为本。

范远波的概括虽较为精当，但他认为“新式学堂的国文学习要想通过量的积累来提高，在时间上已是不允许……唯有变革和优化教学过程，提高教学效率，才是出路”，这一观点却未能免俗，不能苟同。

提倡语文教育科学化的人，初衷是好的：如果学习语文像学习理科，如数学，能够通过对课文的理解分析总结出若干规律，再让学生根据规律进行推演，效率一定能大大提高。

但这其实是一些人一厢情愿的想法，语文和理科没有可比性，它有太多的特殊情况，不受“清规戒律”的束缚。如“你好”这个短语，多数情况下是表示问候，但如果两个小女孩闹别扭了，一个说“你好！谁也比不上你!”用曲折调说这个“好”，就表示讽刺了。《红楼梦》第九十八回“苦绛珠魂归离恨天 病神瑛泪洒相思地”，宝玉和宝钗举行婚礼的时候，黛玉在病床上直声叫道“宝玉！宝玉！你好……”，说到“好”字，便浑身冷汗，不作声了。这个“你好”便犹如维纳斯的断臂，无法接续，只可意会，不可言传，想分析都无从分析，那又怎么推演？

语文学科的学习时间越少，就越应该让学生利用宝贵的时间多读多写。但语文教育科学化的出发点和归宿恰恰是让学生少读少写，而把时间用在理解分析上。这就违背了通过多读多写即连锁学习来模仿、来完成类化的简单高效的语文学习规律，所以，最终事与愿违，学生的语文素质逐渐低下。

而对于这种以理解分析为主要特征的所谓科学化的语文教育方法，早就有人提出过不同意见。

教育史学家陈东原就对郃爽秋的主张提出了异议：“对于文章句法的观察，决不能像化学方程式那样准确。因为文句的变化，绝没有限制，同一个意思，就可以有许多种的表现方法。”

张中行则在《文言津逮》中更为明白透彻地提出反对意见：“我对这种主要寄希望于规律的少读求速成的办法一直有怀疑。理由很多，这里难以详说……以事实为证，由多读而学会文言的人为数不少，似乎还没见过哪一个是少读只靠钻研规律而就学会的。”他说的是文言文的教学，实际上也是整个语文学科的教学问题，是含蓄地对以“科学”的名义否定语文教育“多读求熟、以熟求通的方法”的人提出的批评。

语文教学名师韩军提出过一个深刻至极的观点：举一反三的学习方法适合理科学习，但不适合语文学习，学语文要“举三反一”。举一反三是通过理解分析来概括，而举三反一就是通过多读多写来感悟。韩军的观点其实就是对所谓语文教育科学化的批判。

可以说，积累是语文教育的基础，没有了这个基础，语文教育的大厦就无法构建，即使勉强建成也是豆腐渣工程；积累是语文教育的灵魂，没有了这个灵魂，语文教育就没有了生机，就成了行尸走肉。

可惜，学习语文的时间减少了，因而语文教育要科学化，不能一味地多读多写，然而这样的思想到现在依然大有市场。

按道理讲，一种方法既然存在争议，采用的时候就要慎重。最好先进行实验：选取两个水平差异不大的班级，一个班级用多读多写的老方法，另一个班级用预习、讲解、问答、讨论这些理解分析的新方法，经过一年、两年或三年的教学，再进行公平的测试，如果是用新方法教学的学生语文能力更强，那自然该用新方法，反之亦然。可是有这样的对比实验吗？有相关的数据支持吗？没有！那凭什么要用这种新方法来进行语文教育呢？

然而，百年来，我们实际上一直用这种方法进行着语文教育，没有人告诉我们为什么，很少有人探究为什么，就算有一部分人询问原因，回答也是“从来如此”。语文教师就像一群羊，默默地跟着头羊往前走，没有人知道，也没有人关心，“从来如此”，便对吗？

第二，分析什么？

分析什么，即解读什么，答案就比较老套了。解读文本无非是三个层次：第一个层次是解读写了什么，第二个层次是解读怎么写的，第三个层次解读为什么这么写。

解读文本的这三个层次，涉及显性知识和默会知识的问题。

比较明显的，可以用语言表述出来的知识，称为显性知识。

默会知识也称缄默知识、内隐知识，主要是相对于显性知识而言的。它是一种经常使用却又不能通过语言文字符号予以清晰表达或直接传递的知识。

有成语“只可意会，不可言传”，其中，可“言传”的是显性知识，只能“意会”的就是默会知识。

默会知识和显性知识同样重要。挪威哲学家格里门说：“对知识的表达而言，行动是和语言同样根本的表达方式。”

运用语言是一种技能，起重要作用的是默会知识。一般来说，对于白话文的教材而言，第一个层次“写了什么”属于显性知识，学生自己就能理解，分析没有意义。第三个层次“为什么这么写”属于默会知识，是小学生很难理解的，他们可能知道哪个词语好，哪个句子精彩，但未必能够说出为什么好以及为什么精彩，分析也没有什么意义。（第二个层次“怎么写的”则介于二者之间）

以民国时期的一篇教案的片段做例子，看一看民国时期的小学语文教学怎样对文本进行解读，以及这种解读到底有没有意义。这篇教案出自 1936 年中华版《新编高小国语读本教学法》第四册第二单元第十课。本书与吕伯攸等编写、陆费逵等校订的《新编高小国语读本》配套使用，于 1937 年后由上海中华书局陆续出版，相当于今天的教学用书，其教学指导部分已相当于教案。

《画题》教案节选

1. 深究（按：即要讨论的问题）

（1）事实（按：即内容）

① 宋朝的兴亡，是在公元的哪年到哪年？（960—1277 年）

② 什么是画院？宋朝设立画院是在什么时候？为什么要考试天下

画家?

……

⑥“野渡无人舟自横”是谁的诗句?“无人”两字在句中的地位怎样?

⑦ 许多人是怎样画的?画错了吗?他们能否把“无人”两字画出来?(在这一句诗中,“无人”两字最为重要,当时应试的人,大都画了一只空船停泊在荒凉的码头。这样虽然也能表示“无人”,意境却十分拙劣,毫无可取之处。)

⑧ 有一个人画中画些什么?画中有两只鸟点缀着,为什么便能胜过他人?(画两只鸟的那幅之所以能胜过他人,在于他的意境超脱,并能特写题旨。试想,要是有人在船上,鸟儿怎敢飞下来停在那里呢?)绘画重在意境超脱,特写题旨,推而至于作文讲话,也应当这样吗?

⑨ 这两个题目,你能别出心裁地画出来吗?

(2) 文字(按:即语言)

① 本文是何种文体?(记叙文)

②“宋朝很注重绘画,所以政府设立画院,考试天下画家”这是何种语句?(这是表示因果关系的主从复句。第一单句是从句,表示原因;第二、三单句是主句,表示结果。“所以”两字是联络主从句的连词,称为因果连词,而它的作用侧重在表果方面,因此总是用在主句之上。有时也把连词省掉。如果把这句的组织改为非主从复句,只要删去“很注重绘画,所以政府”九个字就行。倘使再求省略,可以这样改:“宋朝考试天下画家。”)

③ 第二段开头为什么要有“有一次”三字?倘若把这三字删去使得否?(“有一次”是指许多次考试中的某一次,和上文“常用”二字相应。倘把这表示一次的数量副词删去,文义就将变成每次考试,都是用这一句诗做题目,那就不近情理,不合事实了。)

④“许多人都画一个人骑着马,踏着花草或落花走过”这一句,在组织上有何可以取法之处?(这是把两件事情并做一句写的合并句,如

不厌其烦地分析开来，就成了两个并立句：“许多人画一个人骑着马，踏着花草走过；许多人画一个人骑着马，踏着落花走过。”这样的文句不能说它不通，不过觉得太累赘了。所以逢到这种句子，最好能把它并拢成一句。这是在句子组织上很可取法之处。）

⑤ 在“有一个人却画了一只蝴蝶绕着马蹄飞”这一句中，为什么用一个“却”字？（“却”是表示相反的副词，表明一个人所画和许多人所画的不同。有此一字，文义便格外显明了。）

⑥ 作者怎样避免用字方法的雷同？（在这篇文章中关于“应考的人，大都画一个荒凉的渡头，一只空船停在那里”“有一个人画了一只船，泊在芦岸边，船头上有一只鸟立着，又有一只鸟像要飞下来的样子”，和上文“许多人都画一个人骑着马，踏着花草或落花走过”“有一个人却画了一只蝴蝶绕着马蹄飞”，同样意思，却是两样字面，这是避免文章前后雷同的一种写法。又如“这一幅画便考了第一名。那一对鸟不是把‘无人’点出来了吗？”和上文“他能写出题中的‘香’字，第一名便让他得了”也是同一意思，可是先后彼此对调，这是避免雷同的又一种写法。）

⑦ 作者在记叙两幅图画的内容后面，怎样各加一句点清话题的句子上去？（前者用肯定的语气，“他能写出题中的‘香’字”，后者用反诘的语气，“那一对鸟不是把‘无人’两字点出来了吗？”）

⑧ 本文的记叙方法怎样？（本文开始一段，以天下逐条分写下去，这种章法，除开始一节外，其余各节均可任意提前移后。）

……

前面所引何仲英的论文《白话文教授问题》中说，“我们教授白话文的，也不能说教学生‘看得懂’就算我们尽教授的责任。还有内容形式方面种种推敲，要大家讨论……尽管一篇很短的白话文，一目了解，也许讨论几小时未曾完结……”我们可能存在着一个疑问，“一篇很短的白话文”，学生已经看懂了甚至“一目了解”了，却还要在内容和形式方面进行种种的推敲讨论，要几个小时都未必完结，这是怎么一回事？这篇教案给出了答案。

《画题》这篇课文不长，学生也是“一目了解”的，但教案却设计了这么多问题：属于事实即内容的问题有 9 个，属于文字即语言及形式的问题有 8 个，一共 17 个问题。教师就是要通过对这些问题的分析讨论来解读课文。这 17 个问题要讨论完，还真是几个小时也未必完结。

在今天看来，这些问题的设置、设计，其质量是很高的，因为都很具有启发性，还注意了对语言的训练。但是，从显性知识和默会知识的角度来看，这些问题的价值如何呢？

属于事实即内容的问题中，如宋朝的兴亡时间，什么是画院，设立画院的时间，“野渡无人舟自横”的作者，都是需要记忆的显性知识，提问的目的是检查和强化学生记忆的效果，与解读文本无关，也不在讨论的范围内。“许多人是怎样画的？”“有一个人画中画些什么？”是显性知识，课文中明白地写着，极易答出，没有多少价值。“画中有两只鸟点缀着，为什么便能胜过他人？”是默会知识，即学生一般都能判断出“有两只鸟点缀”的那幅画好，但为什么好就未必说得出来了，“意境超脱”这样的话或类似的话是小学生能说出来的吗？即使经过教师的讲解点拨或学生的讨论能说出来，但对学生的积累及语言的运用又有多大的作用呢？所以这个问题其实也没有什么价值。

属于文字即语言的问题，孤立地看，是对学生进行了语言训练，似乎甚合语文教育之旨，但只要想到教学对象乃是二年级的小学生，马上就会发现其中的悖谬之处——如“表示因果关系的主从复句。第一单句是从句，表示原因；第二、三单句是主句，表示结果”，这些问题不是八九岁的孩子能理解的，因而也是没有意义的。

也就是说，白话文有微言大义需要挖掘，但那不是在小学阶段，而是在中学阶段，特别是高中阶段。所以，吕坤在《蒙养礼》中就说：“深文奥理，天下国家，童子理会不来，强聒反滋其惑。”

不需要解读却要解读，没有意义却占去了师生大量的宝贵时间，所以，这样的语文教育模式是低效的，甚至是无效的，被人称为“放胖”

（“放胖”来历见下文）。

第三，怎么分析？

下面我们就具体地看看教师们在语文教育中是怎样通过没有意义的理解分析来解读文本即“放胖”的。

① 讲解式分析。讲解式分析是指教师通过讲解，为学生分析、解读课文。这又可分为以下两种。

一种是分析课文，即讲解文章的内容和写法，如我国教育家朱经农在《对于初中课程的讨论·国语科的内容》中说：“其实他们懂的是白话，至于白话文，文的内容，文的做法，未必能够全懂。我每每讲一篇千字左右的白话文，如陈独秀《人生真义》、蔡元培《杜威博士生日讲演辞》等，要用四五小时，若照原文念一遍，大约五分钟便够了，然而学生如何得懂呢？”一篇五分钟读完的文章，要讲四五小时，是不是“放胖”？

还有一种是并不分析课文，而是讲解与课文有关的其他内容，如语文教育家阮真在《时代思潮与中学国文教学》中说：“还有好些教师，不知白话文如何讲法，倒不如拿些主义问题，可以离开文字，凭空口讲。只要学生欢迎，便是一等新老师，一等新教法！新的便是好的，更有谁去怀疑中学国文教学的真正目的是否应该如此？所谓新而好的教法，是否应该如此呢？”这种脱离文本、天马行空的信口开河，是不是“放胖”？

也许有人说，以上两例是中学的例子，缺乏说服力。其实，小学的语文教育与中学并无二致。

吕叔湘在《中小学语文教育问题》一文中提到，叶祥岑（按：事迹不详）听过一个老师讲毛主席诗《为女民兵题照》，共二十八个字，那位老师却讲了两节课，叶祥岑说，这就是“放胖”（“放胖”一词就是这么来的）。吕叔湘说这不稀奇，有老师讲一年级第一课，只有“天安门”三个字，便讲了四节课，平均一个字讲一节多。这课是怎么讲的呢？原来，他是从 1840 年鸦片战争讲起，讲到 1949 年中华人民共和国成立，这个地方就是天安门。吕叔湘说，这个老师有“放胖”的天才。

这个“一年级第一课”的教法，与上面中学语文教育的教法，有什么本质区别呢?

② 问答式分析。问答式分析是应用最广泛的教学方法，因为据说问题能揭示矛盾，激起疑惑，推动人们产生解决的欲望。所以，现在通行的做法是将课程内容问题化，就是将定论形式的陈述材料转化为引导学生探究的问题形式，据说，这样做能够变被动接收式学习为主导探究式学习。

如此说来，问答法与讲解法有着本质不同。但实际上，在解读文本这一点上，二者并无本质区别。

因此，问答法也是最常见的“放胖”方法，我们举几个例子。

先看《中国特级教师教案精选·小学语文分册》中《精彩的马戏》(人教版二年级下册）一课，执教者是北京市朝阳区第二教师进修学校特级教师林宝珍。

原文第二段如下：

先说猴子爬竿吧。猴子穿着衣服，打扮得像个小孩。它爬到高竿顶上，在上面倒竖蜻蜓，一双圆溜溜的眼睛好奇地瞅瞅观众。那顽皮的样子，逗得观众哈哈大笑。

这样明白如话的段落，还需要解读吗?需要。

那么，教师打算怎么带领学生解读这段呢?

出示“猴子爬竿”的挂图，让学生轻声读第二自然段，边读边想：这一段共有几句话，每句说的是什么。然后带着学生从整体上了解本段内容。

指名读第一句，说说这句话写的是什么（板书：猴子爬竿)。教师说明：先写谁表演什么节目（板书：先)。

指名读第二、三句，说说这两句话写的是什么。教师说明：再写猴子怎样表演（板书：再)。

指名读第四句，说说这句写的是什么。教师说明：最后写观众怎样（板书：最后）。

……

当然这只是教案，在课堂的操作过程中，结论是通过师生问答得出的。

如果不是有白纸黑字为证，很难想象，我们的语文课有一段时间竟然是这么上的。

二年级下学期，多数学生已经九周岁了，这样一目了然的小文章，非得要学生一句一句地说“写的是什么”，这样进行句子段落的阅读训练有意义吗？是不是“放胖”？可是这样的问题答起来还真不容易，就说“先说猴子爬竿吧”这一句，它写的是什么？一般人可能以为，就是写“猴子爬竿”嘛，这有什么可说的？错！无论口答笔答，若说成“写的是猴子爬竿”都不对，得把“猴子”换成“谁”，“爬竿”换成“表演什么节目”，这还真就不容易了，估计要在课堂上得出正确答案还会颇费些周折。

这就涉及中高考阅读题中的语言转换——变具体为概括，变形象为平实，变叙述为说明。而在中考、高考试卷中，白话文阅读题历来是最难的，比文言文试题都难，学生的平均分一般不到总分的60%。其实，文本易懂，是问题太难，常常将简单的问题复杂化。本来是默会知识，偏要当显性知识来教、来学、来考，越是无话可说的地方偏要让学生说点什么，这是白话文教学考试的一大特色。

这样的问题对提高学生的读写能力有帮助吗？恐怕没有。我们平时阅读时，有谁一句一句地分析它说的是什么？这种教学或许只对考试有帮助。归根结底，还是“放胖”。

有人会说，现在的教师不这么上课了，新课标明确要求“要防止逐字逐句的过深分析”了，也就不再“放胖”了吧？其实，模式一日没有改变，“放胖”仍是不可避免的，只是表现形式和严重程度有所不同而已。

我们看《学学名师的那些事儿》中特级教师孙双金《天游峰上的扫路人》（苏教版六年级下册）的教学片段。这是新课改后的课例。

师：（板书课题）看了这个题目，你们有什么问题？

生1：天游峰上的扫路人到底是个怎样的人？

师：是啊，那个扫路人是怎样的人啊？他看了题目后想到了这样一个问题，很会思考。

生2：天游峰上的扫路人几岁了？是个年轻人，还是个老头？

师：想知道他的年龄。

生3：我想问，天游峰在什么地方？

师：天游峰在哪儿？有谁去过吗？

（生摇头。）

师：没有。那孙老师告诉你们，天游峰——福建武夷山的最高峰，著名的旅游胜地，山清水秀。一般人到那去回来写文章，会写些什么？

生4：会写天游峰如何如何好，如何如何美。

师：你回答了我的问题。那么你的问题是什么？

生4：为什么要写天游峰的扫路人？

师：是啊！天游峰的景色那么美，作者为什么不写美景，而写天游峰的扫路人呢？你叫什么名字？

生4：陈奔腾。

师：请你把这个问题写在黑板上，问题后面写上你的大名。这个问题是你提出来的，这是你的专利，是你的知识产权，其他人不能侵占。

（生4写。）

师：今天这一堂课，凡是提出有价值的问题的同学，孙老师都会让你把问题写在黑板上，把你的大名挂在后面，很光荣的。就这个题目，你们还想提问题吗？

生5：扫路人身上有什么伟大的事？

师：（故意）扫路人身上有什么伟大的事呢？无非是扫扫地嘛，有什么伟大——

生：（齐）应该问品质。

师：（笑）这就提得很好。把“伟大”这个词换一换，“品质”一般是用什么词来形容？

生5：高尚。

师：你把这个问题再重说一遍。

生5：扫路人身上有什么高尚的品质？

师：听到了吗？一个看似粗糙的问题，一打磨，好问题就出来了！请你把这个问题写到黑板上去。

表面上看这个教学片段是符合新课标精神的：教师努力“鼓励自主阅读、自由表达，充分激发他们的问题意识和进取精神”，努力“引导学生钻研文本，在主动积极的思维和情感活动中，加深理解和体验，有所感悟和思考，受到情感熏陶，获得思想启迪，享受审美乐趣”。

但是，这个教学片段中的师生对话加上思考、板书的时间，在课堂上大概要花五六分钟甚至七八分钟，这么长的时间都干了些什么呢？不过是解析了课文题目而已。而这篇课文题目与六年级学生之前写过的“我的爸爸”之类的作文题目相比并没有本质区别。那么，解析这个题目对提高学生的读写能力有什么意义呢？有证据证明解析这个题目与不解析这个题目对学生读写能力的形成会有不同的影响吗？恐怕没有。既然如此，恐怕也就没什么意义。题目一共八个字，解题过程差不多一字一分钟了，还没有什么意义，是不是“放胖”？

当然，这里面也不是一点有价值的东西都没有，如“品质”一词前应该用“伟大”还是用“高尚”修饰，就属于应该进行的语言文字训练。可惜，这样有价值的东西在“放胖”的教学过程中太少了。

如果只是“放胖”也还罢了。有时是教师对文本的解读错误，导致的后果就不仅仅是“放胖”了。

若干年前，我听一位教师讲《狼和小羊》一课，他引导学生分析小羊为什么称狼是“亲爱的狼先生”，结论是小羊害怕被狼吃掉，他还让学生用害怕的语气读出小羊的话，以加深理解。但是据我看来，小羊未必是害怕，即使害怕也只是怕狼的凶狠而不是怕被狼吃掉，因为它还很小，不知道狼会吃羊，如果知道，它的反应应该是赶紧逃跑，而不是据理力争。苏联一位诗人曾写过一首这样的诗，大意是这样的：“小女孩对手握铁锹的德国士兵说/刽子手叔叔/请把我埋得浅一点/深了/妈妈明天就找不到我了。”我以为，这里的“刽子手叔叔”与“亲爱的狼先生”有异曲同工之妙，都是以天真烂漫的童心与凶狠残酷的邪恶构成强烈的对比，从而造成震撼人心的艺术效果。

浪费了宝贵的时间，得出的结论却是错误的，至少不一定是正确的，这是成本最昂贵的“放胖”。

③ 讨论、探究式分析。讨论、探究其实是问答的变式，掌控的难度更大，也更容易“放胖”。

某教师这样执教《精卫填海》。

（学完《精卫填海》一课，我让学生归纳并引出主题——勇敢。）

师：你们喜欢精卫吗？

生：喜欢！

师：你们喜欢她的什么？

生：我觉得她很勇敢！

生：精卫即使遇到困难也不放弃！

生：我不喜欢精卫，我喜欢大海！

师：你为什么不喜欢精卫？有理由吗？

生：精卫的方法根本不对嘛！她怎么能填平大海？

师：你怎么知道不能？

生：我做过一个实验，瓶子里装满水，往里面扔石头，水就会漫出来。精卫用石头和树枝填海，不仅不能填平，反而会使海水越涨越高，淹没更多的田地和村庄。

（一石激起千层浪，孩子们的思维火花被点燃了，都跃跃欲试，一场讨论就此展开。）

生：大海可能不是故意要淹死精卫的，是那天风太大，掀起了波浪，精卫才掉进去的。

生：精卫为什么要报复大海呢？要是大海没了，地球不就变成沙漠了吗？

生：要是大海填平了，我们用的电从哪里来？

……

（教室里的气氛空前活跃，学生的眼睛里闪现出前所未有的神采，他们没有遵从课本上的提示，而是用孩子特有的童心来感受课文、进行思考。这不正是富有个性、富有创造力的体现吗？我迅速调整剩下半节课的任务，将本来安排好的写字改为学生自由讨论。）

师：如果你是勇敢的精卫，运用21世纪小学生的智慧，你会做什么来减少灾害的发生？

（学生热烈地讨论起来。）

生：我要设计一个大型的吸水管，水涨高就吸进水，这样海水就不会漫出来。

生：我准备在海边贴一些“注意安全”的告示，提醒人们要小心。

……

这位教师对自己的处理很满意，给这篇案例拟定的题目是《意外的收获》。

前面描述的那位用了四课时讲“天安门”的教师从1840年讲起是“放胖”，这位教师从《精卫填海》讲到减少自然灾害，是不是也是“放胖”？

当然，新课标指出，“在理解课文的基础上，提倡多角度、有创意的阅读，利用阅读期待、阅读反思和批判等环节，拓展思维空间，提高阅读质量”。

不过，新课标同时也指出，“要防止……远离文本的过度发挥”。

《精卫填海》是一篇神话，神话与寓言、童话一样，只是要说明一个道理，或表达一种情感，是不能用生活逻辑去要求的。《精卫填海》这则神话是为了告诉人们应该为实现目标而坚定地奋斗到底，然而这堂课抛开了这一主题而大谈“减少自然灾害”，是不是偏离了教学目标？是不是“远离文本的过度发挥”？是不是在“放胖”？

也许有人会说，国外的学生好像也这么做。有一篇题目为《儿子的研究报告——我所看到的美国小学教育》的文章，说一个中国的孩子在美国读小学，作业是《中国的昨天和今天》，这不也是研究吗？但“叶徒相似，其实味不同”：人家是写作，让学生做了充分的准备——查阅资料，分析处理信息，最后才写出来的；而我们是阅读，学生一点准备都没有，就因为一个学生一句偶然的发言，就开始研究起减少自然灾害的问题来了。

④ 展示、演示式分析。这种分析方式主要通过展示或演示图片、模型、视频来进行分析。

江苏省张家港市云门小学钱瑾老师教《过桥》时，先指导学生看图理解，“过桥”就是从桥的那头走到桥的这头，然后让学生说一说“从马路这边走到马路的那边叫什么？”“从河的这边走到河的那边又叫什么？”钱老师对自己的教法很满意，认为这样学生既加深了对“过桥”的理解，又积累了“过马路”“过河”这两个词组。

然而，“过桥”这个题目一定需要学生看图分析才能理解其意义吗？类似“过河”“过马路”这样的词语都需要上学以后在课堂上积累吗？如果不需要，是不是“放胖”？

⑤ 活动式分析。活动式分析就是通过组织活动帮助学生解读文本。

然而，如果分析是没必要的，活动也未必有意义。下面来看某教师执教《酸的和甜的》（人教版二年级上册）的案例。

在预设导入时，除了播放满架葡萄的图片外，我还准备了新鲜紫亮的葡萄，让每个学生吃一颗……既满足孩子们追求新奇，好动、好奇的心理，让孩子们吃着葡萄兴趣盎然地进入对课文的学习，也为理解课文中“迫不及待”这个成语做了场景和情绪调动上的准备。教学中，当我问学生小猴子为什么迫不及待时，他们都知道是小猴子太想吃蜜甜的葡萄了。我又问学生：“我们刚才什么时候也迫不及待了？”于是，上课之初吃葡萄的场景就重新出现在学生的眼前。他们知道自己拿葡萄的时候也是迫不及待的，这样自然就会知道小猴子迫不及待是因为怕晚了自己吃不到。课堂实录告诉我们：关注儿童的兴趣点，效果就会很好。

这个教学片段符不符合新课标的精神？当然符合。新课标在“实施建议”部分说：“阅读教学应引导学生钻研文本，在主动积极的思维和情感活动中，加深理解和体验，有所感悟和思考，受到情感熏陶，获得思想启迪，享受审美乐趣。要珍视学生独特的感受、体验和理解。”在这个教学片段中，教师是珍视学生独特的感受、体验和理解的，学生的思维和情感活动也是主动积极的。有上课实录可以作证。

但是这样的课堂教学是否是好的？不是。因为它不符合学生的需要。

二年级第一学期的学生已经八周岁了，以现在的物质条件，八九岁的孩子没吃过葡萄？还需要教师在课堂上让他们去体验？即使没吃过葡萄，八九岁的孩子不知道什么是酸什么是甜？还得教师引导他们去体验？

可见，通过让学生吃葡萄来体验酸和甜，是没有必要的。

那么，通过让学生吃葡萄来体验“迫不及待”这个成语的含义，总是必要的吧？错，同样不必要。

一个八九岁的孩子，没有过“迫不及待”的体验？不能使用“迫不及待”这个成语？不可能。不要说八九岁的孩子，就是襁褓中的婴儿，都有对“迫不及待”的体验。他们饥饿的时候要吃奶，是不是迫不及待？可惜他们不会说话，如果会说话，也一定会用“迫不及待”造句：我迫不及待地想吃奶。难道八九岁的孩子不会用？

即使学生真的不知道“迫不及待”是什么意思，也用不着通过吃葡萄来体验。阅读是从书面材料，即文字中获取信息的过程，绝大部分词语通过语言环境即上下文就可以理解，个别不能理解的可以查工具书。如果每个词语都要用体验的方式去理解的话，人这一辈子能理解几个词语？这还幸亏只是理解“迫不及待”，要是课文中出现了“原子弹”这个词，难不成还要给学生发个原子弹让他们体验一下？

可见，这个通过吃葡萄来解读文本的活动是不必要的，也是“放胖”。

这“放胖”的语文课堂教学，我们也可以称之为“口水课堂”。因为在这样的课堂上，学生既学不到知识，又无法培养能力，只是浪费师生的时间而已。

⑥ 做题式分析。对文本的解读，即理解分析，不仅是在课堂上，还要延伸到课外。也就是说，“放胖”不仅存在于课堂上，还存在于课外作业中。

新课标要求，小学一二年级阅读教学要让学生“结合上下文和生活实际了解课文中词句的意思”，那么，课堂上是不是要提问或讨论：某个词语或句子是什么意思？可不可以用另外的词语或句子？为什么可以，为什么不可以？等等。

如果课堂上这样做，那考试呢？是不是也要考查学生对词语和句子的理解，例如给一篇文章的某个词语、句子打上着重号或横线，让学生解释这个词语或句子的意思。既然考试会这样考，那么，平时是不是要进行这样的应试训练？考试考一道题，训练时是不是要做几十道甚至上百这样的题？题海战术，是不是都是来源于此？

所以，课外作业是不是也是“放胖”？

从某种程度上讲，作业“放胖”的危害更大。它占据了学生的课余时间，加重了学生的负担，导致学生没有时间读书，没有时间思考，没有时间积累，没有时间自由地表达。他们的语文成绩怎能提高？

以上所说的这些理解分析是不是没有意义？我们的语文教师做的是不是就是“放胖”的事？

当然，虽然同样是“放胖”，但还是有差别的，所谓“戏法人人会变，各有巧妙不同”。有人“胖”得高明、“胖”得美，就是杨玉环；有人“胖”得笨拙、“胖”得丑，就是猪八戒。从问答式分析开始，我们所举的例子都是当下教育教学的论著或教师培训教材中列举的正面的、供广大教师学习的例子，也可以说是“胖”得高明、“胖”

得美的例子。

所以我认为，在现当代语文教育中，以理解分析为本的语文教育模式就是一个“放胖”的教学模式：大纲和教材教法是在教教师如何“放胖”，教师在大纲和教材教法的唆使以及一些“优秀”教师的引领下进行“放胖”。

一部现当代语文教育的历史就是“放胖”的历史。

这种以解读分析为本的语文教育模式，使现当代语文教育陷入了矛盾的漩涡：文言文是复杂的，但文言文的教学是简单的；白话文是简单的，但白话文的教学却是复杂的。文言文难懂，不讲；白话文易懂，反而要讲，且要大讲特讲，还要辅以预习、讨论、探究、练习等多种方式。白话文取代文言文，学生学起来应该觉得容易，结果不但不容易反而觉得难；学生的负担应该减轻，结果负担不但没减轻反而加重了；学生读书应该多，结果读书不但不多反而少了；学生的语文水平应该提高得很快，结果不但没快反而慢了；学生的语文素养应该很高，结果不但没高反而低了。

我们的语文教育就这样在“科学”的旗号下，从开始起步就误入了歧途，走上了“放胖”之路。虽然许许多多的有识之士绞尽脑汁进行了各种各样的改革，大大小小的语文教育媒体鼓吹着形形色色的理论或经验，但因为以理解分析为本的教学模式本身的方向就是错误的，这些改革、这些理论经验似乎只能南辕北辙、抱薪救火。

2. 以理解分析为本的语文教育模式的弊端

这种以浅显的白话文为学习内容，以理解（解读文本）为教学目标，以分析为主要教学方法，即以理解分析为本的教学模式，可能适用于中学以上的语文教育，但小学语文教育运用这个模式却是低效甚至是无效的，因为它违背了学习语言要靠模仿的原理，这使得当代的语文学科，实际上成了所有学科中最难教的、问题最多的一科。

(1) 以理解分析为本的语文教育模式加重了师生负担

大道至简，真水无香。只有简单才能高效。

数学以简洁为美。英国哲学家、数学家罗素说：“我平生只做两件事，一件是简单的事，一件是把复杂的事变简单。”

但以理解分析为本的语文教育却以复杂为美，以复杂为奇，以复杂为高明。谁复杂谁就能得奖，最复杂的得第一。在备课时，教师要绞尽脑汁地思考：我要设计什么样的问题才更有内涵？这部分的内容我用什么方法教学才更有创意？

正因如此，不知从哪天起，人们嫌“备课”的说法不够复杂，变成“磨课”了。姚宗岭老师在《如何进行磨课》一文中解释道：“磨即研磨，磨课是教师在先进教学理念的指导下，梳理教材，设计方案，共同探讨，反复推敲，最终生成好课的过程。”

这个解释不错，提出这个概念的初衷也不错。但我以为，它未必适用于语文教育，特别是小学的语文教育。在语文教育中，“磨”只能是另一种解释：“折磨”——教师先折磨自己，再去折磨学生。于是，语文学科就成了一个折磨人的学科，一个以折磨人为乐的学科。

本来，那些白开水一样浅显的课文，学生听都能听懂，何况是读？可是，教师却非要挖出一个个陷阱让学生跳进去，且不容易出来，使学生变成傻瓜。然后，教师再扮成观世音菩萨，把学生救出来。这不是折磨是什么？

北京市光明小学特级教师武琼曾举了一个她自己的教学案例：

课文《惊弓之鸟》中有这样的句子：“更羸并没有取箭，他左手拿弓，右手拉弦，只听得嘣的一声响，那只大雁直往上飞，拍了两下翅膀，忽然从半空里直掉下来。”

她就开始琢磨：这两个“直”的意思一样吗？有什么区别呢？琢磨了两天之后，她弄明白了：“直往上飞”的“直”字，不表示方向，是奋力、拼命的意思，“直掉下来”的“直”才表示方向。

于是，她就在课堂上让孩子分析两个“直”的意思。她觉得很满意，而且说：如果自己阅读时放过去，这个训练点就放过去了，对孩子的思维训练、语言训练也就放过去了。

可以说这是个磨课的经典案例。

但这两个“直”字值得这么磨吗？恐怕不值得。

这篇课文的教学目标，应该是了解“惊弓之鸟”这个成语的来源及其意义、用法，重点是意义和用法，而这个目标通过学生自己的诵读就能够达成。两个“直”的意思无关宏旨，在教学中是可以忽略不计的。

如果教学过程中有学生提出来这个问题怎么办？好办。查查《现代汉语词典（第6版）》就知道，“直往上飞”中“直”的意思，就是“直”的第九个义项“一个劲儿；不断地”，例句为“他看着我直笑”“我冷得直哆嗦”，这样的用法，难道学生没用过？难道学生不会用？

然而，对于学生已经用过、已经会用的词语，老师和学生还要这样大费周章。这个“磨”是琢磨还是折磨？这是不是画蛇添足？这是不是“放胖”？

如果要参加教学比赛，那更不得了，那就不是一个人受折磨了。我旗实验小学徐晓娟老师自述帮助同事参加教学能手大赛的事，“我们从早上八点一直忙到午夜十二点，我们查阅资料、研究教材、设计教案、制作课件、翻阅课标，长达十六个小时的忙碌，我们忘记了吃饭，忘记了疲惫……”

武老师、徐老师这样的优秀教师的敬业精神和业务水平是值得我们敬佩和学习的，可是，她们的付出换回了语文教育的繁荣吗？

课堂上，师生要共同解决一个个问题，要问答，也要讨论。前面已经举了大量的例子，这里就不再列举了。

课后呢？往往是做不完的题。可以说，做题是理解分析的书面方式。而这些题大多是要在课后完成的。

我在一所职业高中调研时，曾问一个朗读不好的学生，在小学和初中是怎么学语文的，他的回答令我吃惊：“我从三年级开始就没学语文。”我问：“那你们的语文课干什么？”他答：“看一遍课文后就做题。”

这个学生无意中说出了一个事实：语学课上只是做题，不是学习语文。既然做题是理解分析的书面形式，那么，可不可以进一步说，理解分析并不是学习语文？

为什么学生的负担重却又减不下来？因为这个负担源于以理解分析为本的教学模式，不改革教学模式而只要求减负，是治标不治本，就是俗话所说的“树根不动，树梢瞎摇”。

(2) 以理解分析为本的语文教育模式销蚀了语文的魅力

语文学科是文化的载体、思想的载体、情感的载体，也是美的载体，所以，语文是最有魅力的学科。但语文的魅力在整体中才能存在，理解分析却恰恰是对语文进行肢解。一座高楼要完整地矗立着才能展示它的美，拆碎了就成了瓦砾。

以理解分析为本的语文教育恰恰把语文拆成了瓦砾，把语文教育变成了鸡肋，食之无味，弃之可惜。教师不愿教——语文教师中流传着“上辈子杀人，这辈子教国文”的说法；学生不愿学——学生中流传着“一怕文言文，二怕写作文，三怕周作人”的说法，语文怕了这三样还剩下什么呢？

1929年，梁启超在给王森然《中学国文教学概要》写的序中曾感叹：“在今日学校各项课程中，最为重要者固属国文，而同时教授最感困难，教师最感缺乏，学生除有生性特别嗜好外，最感觉干燥而无生趣者亦唯国文。”

诗人洛夫曾说过：“写作可能是痛苦的，但阅读绝对是一种快乐。”但以理解分析为本的语文教育模式销蚀了语文的魅力，也销蚀了阅读的乐趣，从而使学生厌恶读书，疏远文学，缺乏书卷气。

董桥在《人道是伤春悲秋不长进》一文中这样描述我们的学校：“这里的童年看不到黄昏时分小屋上冒起的炊烟。雪莱的西风已倒，云雀迷途找不到旧识的树梢。学校里再也看不见朱自清、胡适之、周作人、俞平伯、陈寅恪、梁实秋、叶公超、梁思成的清瘦的背影：文学里的伤春悲秋都淹没在流行歌曲的水中央里。接着，人人都板着脸孔说这里学生的语文水平低落，这里学生的气质庸俗。”

(3) 以理解分析为本的语文教育模式使得现当代语文教育质量低下

语文教育质量的高低不能看分数，不能看升学率，而要看学生运用语言文字的能力。譬如高考，字形题虽然做对了，学生照样写错别字；病句题做对了，学生照样写病句；词语成语题做对了，学生照样不会用或用错词语成语……这样得来的分数有什么实际意义？小学的语文教育质量如何，要看学生进入中学大学乃至走入社会后表现出来的语文能力。

这样看，现当代语文教育，特别是小学语文教育的质量之所以低下，其原因可归纳为以下四个方面。(其中，我所列举的现象多是高中、大学的，因为，现象虽然出现在高中、大学，根源却在小学，在基础教育。)

① 没有积累。语文学习的过程应该是积累、感悟、表达的过程。其中，积累是基础。语文没有积累，就什么也没有。

现当代语文教育以理解分析为本，学生忙于思考、讨论、回答各种问题，一节课下来，什么也记不住。延续下来，一周，一个月，一学期，一学年，几学年下来，学生还是什么也没有记住，还谈什么积累？

积累有三个要求——记得住、写得出、用得上，学生基本上都做不到或者做不好。因为没有积累，学生写作文很少引用名人名言，很少使用成语。他们引用得最多的句子，就是“阳光总在风雨后”“不经风雨怎能见彩虹”……

② 不具备基本的语文技能。最能表现一个普通人语文水平的方面，一是朗读，二是写字，我们将其称为基本的语文技能。在以理解分析为本的教学模式中，这两种技能往往得不到充分、严格的训练，因而往往达不到应有的水平。

第一，不能流利地朗读。

朗读有三个标准：正确、流利、有感情。但很多人连正确、流利都做不到。

2013年某天下午，我在某职业高中随机找了六个学生调研其朗读情况。结果发现，读得较好的有一个，读得很差的有四个，读得一般的有一个。那些读得差的同学，读每个句子都不顺畅，经常重复，该停顿的地方不停顿，不该停顿的地方倒停顿了，少则一二处，多则三四处，那些字其实都认识。我问读得最差的那名学生为什么总是重复，他说不知道下一个字是什么，要看看后面是什么字。

本来是认识的字，却还要停下来确认是什么字，这是为什么呢？我想，这是因为识字教学主要是让学生认识单个的生字，而且以理解分析为本的教学模式导致学生的阅读量严重不足，于是养成学生在阅读时只关注单个的字而不能扫视的不良习惯，从而影响了学生朗读的流利性。

第二，不能正确清楚地写字。

民间有"字是一个人的脸面"的说法，可见，从某种程度上说，写字是一个人语文水平的标志之一。可惜，现在这张"脸"好看的实在太少了。

不会写字，写不好字，是当今学生的通病，主要表现在以下两个方面。

A. 写不清楚，潦草。由于潦草，造成许多半拉字和不规范的字，导致文面混乱，难以认清。有的笔画混淆，如"风""冈"不分；有的笔画该出头不出头，不该出头的出头，如"土"写成"上"，"上"写成"土"；有的笔画排列错误，如"头"，两点平列，类似"兴"，甚至"寒"字下面的两点也平列。

B. 写不正确，错别字严重。有的偏旁位置错误，如写"啊"把"口"放到右边，写"暝"把"日"放到上边。有的结构不对，如"潇""漠"本是左右结构，却写成上下结构；有的字是上下结构，如"茫"，却写成左右结构。甚至有的学生连自己的姓名都写不对，如"杨"，右边多写了一个折。至于别字，更是数不胜数："办公室"写成"办工室"，"画像"写成"画象"，甚至写成"画巷"。

第三，不会阅读。

从一年级开始学生就进行理解分析的训练，他们的阅读能力应该没什么问题吧？错！问题不但有，而且很严重。

如前所述，我们的教材本来是浅显如水的篇章，缺乏深厚的底蕴，要理解分析的问题多分属两个极端：一个极端是太容易不需要思考，如"过桥"的意思；另一个极端是太难了思考也思考不出来，如《金色的鱼钩》中的三个感叹号分别表达了什么感情。

这两个极端造成了两种后果：前者，学生无须进行深入的思考，久而久之，就会形成浅阅读的习惯，继而就会失去阅读的能力。后者，由于师生都不知道问题该怎么回答，只好求助于教辅学辅。大家都做"搬运工"，课上交流的都是教辅学辅中现成的答案，从而使得阅读教学成了一种"伪阅读"——表面上看阅读文本了，其实没有，久而久之，学生就会失去阅读的兴趣——不是课堂教学需要，谁闲着没事就读教辅学辅呢？而没有阅读兴趣自然就不能养成阅读习惯。

所以，现在的人往往不读书。业余时间里，他们把看电视、上网、玩游戏、搓麻将、侃大山当成了正经事。甚至，看书成了不光彩的事，有时候简直像偷情，要偷偷摸摸地私下进行，在大庭广众之下读书会受到嘲讽。吴语在文章《看书这事儿》中提到，某人在公园读《西方哲学史》，被人骂"神经病"。类似的事我也曾亲历：某次我陪老父到医院输液，当时我带着笔记本，旁边一位陪床的小伙子急忙凑到跟前，见我是在读书，他大失所望，嘟哝了一句"看书呢!"便讪讪地走开了，话语里有意外、有不解、有不屑……他大概以为，我是在玩游戏或看电影，而对他来说，电脑就应该是用来玩游戏和看电影的，怎能用来读书呢？

现在的人即使读书，读的也是快餐式读物、地摊读物，内容甚至是色情、凶杀、鬼故事，稍微深刻一点的文本就觉得难，不想读，读不下去。鲁迅的散文《风筝》从人教版教材中被删除，原因就是"深刻"，学生读不懂，不愿读。《风筝》删除后，一名学生说："没有《风筝》了，学起来就简单多了。"他觉得，鲁迅的《风筝》是七年级语文教材里最难懂的。青年作家赵瑜支持删掉《风筝》，理由是，初中的孩子，大部分还停留在对语言的基础训练及修辞训练上，接触的内容不宜过于深刻，重在接地气，有常识，有趣味，"让孩子过早接触鲁迅，不如让他们接触宫崎骏、自然科学以及课外活动"，要在"一定年龄进行一定的阅读"。

但我认为，赵瑜错了。阅读习惯和阅读能力都要在小学，最晚也要在初中阶段养成，否则，就不容易养成了。让学生看宫崎骏长大，他还能喜欢诸子百家、唐诗宋词、明清小说乃至各种哲学的、文化的理论论著吗?

据《新文化报》报道，广西师范大学出版社根据近三千名读者微博、微信的留言，统计出一个"死活读不下去前10名作品"排行榜。榜单中，中国四大名著尽数在列，《红楼梦》高居榜首……这让王蒙难以理解，"如果连这点累劲儿都没有，我们的精神生活就完蛋了。《红楼梦》都读不下去是读书人的耻辱"。

这，不仅是读书人的耻辱，更是语文教育的耻辱，是语文教师的耻辱。

第四，不能写作。

写作是语文教育的终极目标，这个目标没达成，语文教育就没有资格说是完成了任务；写作水平是语文水平的标志，一个人不能写作，就没有人说他语文好；写作是语文学习的最终追求，一个人来到学校学习语文，不是为了学习听话说话，也不能满足于能够阅读，最终是为了具备写作能力。

而由于积累不够，恰恰在这个最重要的环节上，我们中小学的语文教育欠账最多。

吕叔湘在1986年11月21日的全国大学语文教育研究会三届年会上做了题为《谈谈大学语文课的重要性和教学的艰巨性》的讲话，他提到："写文章的事儿，本来在中学里应可以解决，实际上现在中学里未能解决这个问题。目前在大学里，不仅中文系以外系科学生在写文章上存在不少问题，即使中文系的学生，写文章也仍在不同程度上存在问题。"

因为没有积累，学生没有表达的基础，也就没有了表达的愿望和表达的能力。现在的国人，有多少人有写日记、记读书笔记的习惯？连写日记、记读书笔记的习惯都没有，遑论其他？

作文课布置了题目，学生不知道写什么，即使知道写什么也没什么可写。一篇大作文，两个课时能完成的很少，约三分之一的学生一节课只写出个开头甚至一个字也写不出。就算是知道写什么也有什么可写了，却又不知道怎么写。

湖北省大学语文研究会副会长、湖北经济学院新闻传播系教授彭书雄在课堂上让学生口述请假条，向五个学生提问，没有一个人能准确回答，有的人甚至连基本格式都不懂。这让彭教授忧心忡忡，更让我们忧心忡忡——中文相关专业的学生尚且如此，何况其他专业呢？

就算是知道怎么写了，但因为文字功夫太差，不会遣词造句、布局谋篇，同样也写不好。正如解思忠在《国民素质忧思录》中所写的对联："无错不成文，病句错句破残句，句句不堪入目；有误方为篇，别字错字自造字，字字触目惊心。"

儿童入学前，父母用模仿的方法，花六七年的时间，可以让儿童从不会说话到会说话。儿童入学后，从小学到高中，教师用理解分析的方法，花十多年的时间，却不能让学生从不会作文到会作文。

请问，这是什么语文教育？

现当代语文教育弊端重重，百年来，对语文教育的批评不绝于耳。

1934 年 11 月，《中学生》杂志发起了"中学生国文程度的讨论"，讨论至 1935 年 6 月结束，历时半年多。讨论中，孟起在《中学生的国文》中指出，当时的国文教学是"狭的笼"，而学生是笼中缺乏"滋养物"的"瘦的鸟"。

1941 年 9 月，蒋介石手令教育部通饬各校，“现在中学国文程度低落，应令各中学校长切实注意，并设法提高；以后凡大学招生，如有国文不及格者，不准录取为要”。

在 1934 年的大讨论中，叶圣陶曾认为中学生国文程度低落的观点是一种偏见，然而到了 40 年代，他也不得不接受这样一个现实：国文教学没有成绩。

这些批评多指向中学语文教育，然其根源仍在小学。是以理解分析为本的语文教育模式，使得小学阶段学生没有足够的积累，从而导致整个的语文教育都“营养不良”。

新中国成立后依然如此。

1978 年 3 月 16 日，吕叔湘在《人民日报》上发表《当前语文教育中两个迫切问题》一文，其中对语文教育这样评价：“十年的时间，2700 多课时，用来学本国语文，却是大多数不过关，岂非咄咄怪事!”

这些问题如岩浆般在地下奔流涌动。终于在 20 世纪末，爆发了又一轮关于语文教育的大讨论，当时流行一个极端的口号：误尽苍生是语文。

可以说，现当代的语文教育，几乎没有好的时候。

也许有人不服气——每个学校、每个年级、每个班级都有语文好的学生。但这些学生的语文好是教师教出来的吗？是我们现当代的语文教育模式培养出来的吗？很值得怀疑。吕叔湘就说：“少数语文水平较好的学生，你要问他的经验，异口同声说是得益于课外书。”

教育的功能就是使人成长、发展、变化。如果一种教育不能使人成长、发展、变化，就不是好的教育。语文教育就是要培养学生运用语言的能力，如果经过语文教育后学生的语文能力却没有得到相应的提高，那么这种语文教育就不是好的。

所以，现当代的语文教育不是好的语文教育，以理解分析为本的语文教育模式不是好的语文教育模式。1992 年，郭宗明在《试论 40 年来我国语文教育的总体失误》一文中尖锐地指出，“现代人往往只注重研究如何把学生教好，而忽视了学生自身蕴藏着的学习语文的潜能；只注意了在如何教的一些具体方法研究上下功夫，却忽视了人类掌握语文的特殊规律”，他还认为“在语文教育方面，现代人搞不过古代人”。

我们的儿童就在这种低效的语文教育模式下学习语文，而且已经持续了一百余年，这种低效的语文教育模式戕害了多少儿童？想想就毛骨悚然。

模仿·积累·记诵

——小学语文教育为何应以积累记诵为本

学习语文的目标和方法决定了小学语文教育应该以积累记诵为本。积累是目标，记诵是手段，记诵即记忆、背诵。

1. 要模仿，就要积累

如前所说，学习语文的目标是运用，手段是模仿。要模仿，就要掌握足够的语言材料和语言模式，而掌握足够的语言材料和语言模式的过程，就是我们常说的积累。积累是模仿的基础，所以，积累应该是小学语文教育的目标。而积累要在运用语言的实践中完成。

从语言学的角度看，词句的运用取决于语境，所以，要反复实践才能完成类化。吕叔湘在《语文教育要变被动为主动》一文中说："很多词语的意义和用法，只有通过多次会面才学得真切，记得牢靠……"

从心理学的角度来说，连锁学习就是通过反复地"刺激—反应"，从而形成联结即技能的，所以，也需要通过反复的实践。

在口头语言的学习过程中，就要多听多说。吕叔湘在《关于语文教育的两点基本认识》一文中说："先是模仿得不很好——语音不很准，用字眼、造句子，有时候对，有时候不对，最后经过多次实践……达到'习惯成自然'的地步。"他还强调说："归结一句话，语文的使用是一种技能，一种习惯，只有通过正确的模仿和反复的实践才能养成。"

在书面语言的学习过程中，就要多读多写。吕叔湘曾在江苏师范学院做了题为《中小学语文教育问题》的讲话："不要以为小孩儿不会看书，小孩儿看书的本领大得很，他不认识的字跳过去，看意思，无形中吸收进去。有些字一回生，二回熟，头回不懂，第二回又碰到了，第三回又遇到了，多见几面就认识了。"从写作的角度说，读多了，语言材料和语言模式就积累得多了，就能体会到某个词语、某种句式、某种修辞方法可用在什么样的语言环境中，换言之，就是能够知道在某种语言环境中应该运用哪个词语、哪种句式、哪种修辞方法。用著名心理学家加涅《学习的条件和教学论》一书中的话来说，就是通过多读多写，习得大量言语系列——短语、句子、完整的节段，使之融入自己的口语中，就可以构造交流思想的连贯语句了。这就是前面说到的无意的、间接的模仿。

可以说，积累是学习语文的根本，也是语文教育的根本。没有积累，就学不好语文，也搞不好语文教育。

2. 要积累，就要记诵

积累要靠阅读，但以积累为目标的阅读，不是泛泛的读，而是有量和质的要求。

在量的方面，要求多。量多了，才能由量变到质变，实现"完形"，形成"顿悟"。

日本的七田真在《超右脑照相记忆法》中说，我们一定要知道：高质量的思考是和"量"成正比的，"量"是可以转化为"质"的。有人曾经问著名作词家佐藤八郎先生："您的诗的确是太好了，为什么您总能写出好诗呢?"他回答说："因为我记得很多诗，能够背下来的有五千首左右，知道大致内容的有五万首。这些诗都装在我脑子里，它们在我自己作诗时给了我很大帮助，让我能够写出好的诗来。如果没有它们，我就写不出好诗。"这与中国的"熟读唐诗三百首，不会吟诗也会吟"可谓异曲同工。

在质的方面，要求能够记诵。因为只有记下来、背下来才能完成语言的内化，才能实现积累。用国学大师辜鸿铭的话说就是，只有背下来的东西才是自己的。

这“背下来的东西才是自己的”，既指语言，还包括思想情感。《余英时文集》第五卷中《陈寅恪的儒学实践》，引俞大维的话说，陈寅恪早年对“十三经”大部分都能背诵，他特别重视《礼记》中的精粹篇章，如《大学》《中庸》《礼运》《坊记》等，他认为这些作品置于世界著作之林也属最上乘，所以应该是中国知识人都能熟读背诵的。余英时也说，陈寅恪晚年“失明膑足”，口述《寒柳堂记梦》，由助手整理成文，但在文中，陈先生“不假思索、随时随地举儒家格言，与自己的生活经验相印证……可见这些儒家经典在他心中已熟极而流，故能张口即出。但这不仅是背诵而已，儒家若干中心价值实早已和他的精神生命融为一体。这是朱熹所说的‘沦肌浃髓’‘切己体验’，较之现代社会学家所谓‘内化’更为深切而允洽”。

所以，大量的记忆背诵是实现积累最重要的手段，当然也是学习语文最重要的手段。因此，皮连生说：“语文学习……需要大量的重复练习和背诵。”七田真甚至强调，背诵和记忆是教育的原点。可见，记诵不但对语文教育很重要，对整个教育都是重要的。

3. 要记诵，就不能深入地理解

可是，学习的资源是有限的，由此导致记诵和理解就产生了矛盾——要大量记诵就不能深入理解，要深入理解就不能大量记诵，正如古人所说的“鱼与熊掌不可兼得”。

阅读教学的步骤一般分为初读、精读、熟读巩固三个阶段，完成这三个步骤，一般需要两个课时。例如，特级教师李吉林教《燕子》一课，讲读就用了两课时，再加上预习、作业、作业讲评，一篇课文恐怕至少要三课时才能学完。如果用积累记诵的模式进行教学，三课时能读多少篇文章?

山东的韩兴娥老师，进行了“海量阅读”的教学实验，在低年级阶段，学生的课堂阅读量就达五十万字，相当于一般小学同年级学生阅读量的十多倍，她的经验之一就是“不求甚解”，即不进行深入的理解分析。（韩老师的事例后面还要说到）

所以，是以积累记诵为本，还是以理解分析为本，就成了学习语文的两种对立的模式。

4. 积累记诵，还是理解分析

那么，学习语文应该以积累记诵为本，还是以理解分析为本呢？

我认为，当然应该以积累记诵为本。

（1）理解意义并不是学习语言、运用语言的前提

无论是语言学的“类化”还是心理学的“连锁学习”，都提到了一个重要的观点：理解意义并不是学习语言、运用语言的前提，运用一个词语不一定要先理解它的意义，否则，语言就无法运用，交际就无法进行。

语文学习的这一特点，从儿童学习口语的过程就可以看出。儿童出生后就具有一些初级的感知能力，第二年开始咿呀学语，第三年语言能力就大大发展起来，掌握的词汇越来越多，能说出合乎语法的比较复杂的句子。在这一过程中，没有人给他们讲词义和句式，更没有人特意教他们语法。

内蒙古包头市教育教学研究中心的吴秀玲老师，在《内蒙古教育》上发表过一篇名为《小儿语录》的散文。文中说：“就在儿子牙牙学语时，我教他背诵了不少唐诗宋词、名言警句，并未为其解释诗词的含义，但他却能大体悟得其意义并运用自如，常常口吐莲花，妙语连珠，语惊四座，令人捧腹。”吴秀玲老师还进行了举例说明。比如，两岁半时，儿子见大姨批评表哥挑食剩饭，便背诵唐诗《悯农》；听大姨指责表哥不好好学习，便背《明日歌》。三岁左右，看到鲜花，便脱口说出“万紫千红总是春”；看到向日葵，便随口吟诵“青青园中葵，朝露待日晞”。“其吟诗之准确，运用之适切，常常令我瞠目结舌”。

(2) 理解分析于积累无益

如果以理解分析为本，就无法完成大量的记诵。积累是一个从量变到质变的过程，量不够，积累就很难完成，语文学习就不会有质的飞越。因此，理解分析对积累并没有太大的好处，对语文教育，至少是小学的语文教育没有太大的好处。

(3) 理解分析不符合儿童的心理特点

儿童的机械记忆能力强而理解能力弱。苏联心理学家曾对一年级至九年级的儿童的机械识记和意义识记情况进行过实验比较，结果发现，从一年级到六年级，都是机械识记占优势。一年级学生的机械识记占72%，六年级学生的机械识记也要占55%。

儿童心理的这一特点早已被中国古人注意到并在小学教育中充分地加以利用。陆世仪在《论小学》中便提到，人在“十五以前，物欲未染，知识未开，则多记性，少悟性。十五以后，知识既开，物欲渐染，则多悟性，少记性。故凡有所当读之书，皆当自十五以前使之熟读”。他所说的“熟读”是指纯粹的读，是不包含理解环节的。

可见，陆世仪确实比较准确地把握了儿童的特点。据此，他提出了诵读的读书方法：在十五岁以前，不开讲，不要求儿童理解、领会文章的含义，只要读熟记熟即可。他强调，对儿童的教育应当“可由不可知”。所谓“由”，就是让儿童通过感官去认识具体形象和具体事物，去模仿，去做，而不是去探究其中的抽象理论，这种观点是有一定的合理性的。

因此，语文教育以理解分析为本是舍儿童之长而用其短。

(4) 不求理解的记诵会损害儿童的思考能力和创造能力吗

不求理解的记诵受到很多人的诟病。他们认为，如果不理解，就不能运用，背诵就没有意义，是死记硬背。王筠在《教童子法》一书中曾说：“学生是人，不是猪狗。读书而不讲，是念藏经也，嚼木札也。”叶圣陶也在《认识国文教学》中说：“旧式教育可以养成记诵很广博的‘活书橱’，可以养成学舌很巧妙的‘人形鹦鹉’，可以养成或大或小的官吏以及靠教读为生的‘儒学生员’，可是不能养成善于运用国文这一种工具来应付生活的普通公民。”

甚至有人认为死记硬背会损害学生的思考能力和创造能力。在日本有一种观点，认为记忆力好的孩子，其思考能力和创造能力就差。

七田真在《超右脑照相记忆法》中说，这种轻视记忆的想法是错误的。相关的研究成果证明，不求理解的记诵不但不会损害儿童的思考能力和创造能力，反而对思考能力、创造能力大有好处，思考能力和创造能力的基础正是记忆。

他还说，古代（明治维新前）日本人的做法就是“素读”——不求理解含义，只照着字面朗读。第二次世界大战前获得诺贝尔奖的日本科学家全都做过这种“素读”练习。而明治维新以后，特别是第二次世界大战后，教育原则变成了“先记简单的再记难的”“先理解再记忆”，“素读”几乎完全被遗忘，学生只读掺杂着假名的课本，学习变成以意义理解为主。七田真认为，这真让人遗憾。实际上，儿童擅长记忆复杂的东西，擅长不加理解地死记硬背。

所以，著名企业家井深大认为使脑子变聪明的方法“就是要大量地死记硬背”，七田真则说，这种不求理解、大量背诵的方法是培养天才的真实方法。

不知那些声嘶力竭反对死记硬背的人，对此有何感想？

（5）*在记诵过程中，儿童也能有一定程度的理解*

以记诵为本，并不意味着丝毫不理解，而是指在小学阶段不要求进行深入的理解分析。

汉语是我们的母语，汉字又是表意文字，即使不进行理解分析，在记诵过程中，儿童也能够对所读的文本有一定程度的理解，所谓“书读百遍，其义自见”。

钱穆在《八十忆双亲》中提到，他七岁入塾，“一日傍晚，先父来塾，立余后，适余诵大学章句序至孟子没，时师尚未为余开讲。先父指没字问余，曰：‘知此字义否？’余答：‘如人落水，没头颠倒。’先父问：‘汝何知此没乃落水？’余答：‘因字旁称三点水猜测之。’”

读文言文尚能如此，何况是白话文？

《八岁能读会写——对话名校长李先启》中，李先启讲过这样一件事。一位一年级的教师上课时，教学“荒芜”这个词，首先问孩子：什么叫“荒芜”？孩子们说：不知道。教师便换了一种问法：“荒芜”这个词你们看好不好？有一个孩子举手，说：荒芜不好。教师又问：为什么不好？答：因为荒芜的“芜”，上面有一个草字头，下面有一个“无”，“无”表示没有，没有就不好。另一个孩子举手，回答说：这个“荒”也不好，“荒”中间有一个“亡”字，“亡”就是死亡的意思，死亡也不好，因此“荒芜”这个词不好！第三个孩子举手说：我知道“荒芜”是什么意思了，因为草字头代表花草树木，花草树木没有了、死去了，这就是荒芜的意思。至此，孩子把“荒芜”的意思已经基本讲清楚了。

所以，学习语文，特别是小学生学习语文，应以积累记诵为本，不要追求深入理解。我们必须明白，对文本的理解不可能一蹴而就，特别是经典，那是常读常新的，想要在小学阶段就“毕其功于一役”，是不切实际的，也是愚蠢的。

七田真《超右脑照相记忆法》第五章载：智利的阿劳干人为了“教授母语的微妙变化、传授对部落习惯和传统的深刻理解”而把背诵歌谣作为教育方法；非洲刚果的丛林人通过长时间不断地听自己几乎完全不理解的讨论，而能够“在十岁到十二岁时就详细地了解所有物品的历史和家族间的往来关系”；印度尼西亚的教育政策主张“背诵是社会共同使用的方法”；泰国则采取“反复朗读直到可以背诵”的教育方针……而培养出很多诺贝尔奖获得者的犹太人，他们的教育就是以记忆学习为中心，强调反复朗读。犹太民族从孩子一岁半开始就对他们进行记忆训练，在孩子刚会说话时就开始教他们读《旧约》，等孩子到了五岁时就要求他们记住。

回过头来，再看看我们对记忆背诵的那种不以为然和漫不经心的态度，难道我们不该深刻地反思吗?

当然，我们并不认为以积累记诵为本的语文教育模式是万能的、唯一的，它可能只适用于小学阶段和初中阶段的前期，即积累记诵的目标要在小学和初中前期这一阶段达成，初中后期和高中阶段就可以在积累记诵的基础上转入对语文的研究性学习，即转入以理解分析为本了。

以积累记诵为本

——小学语文教育的唯一出路

以理解分析为本的现当代小学语文教育已经穷途末路，如果再不改弦更张，就无法重见天日。浪子回头，返璞归真，重新走以积累记诵为本的道路，是小学语文教育浴火重生的唯一出路。

这当然不是简单的事，而是一个庞大而艰巨的工程。

1. 重建语文教育体系

要重走以积累记诵为本的道路，就要颠覆小学语文现有的教育体系重新来建构它。

(1) 重新制订课程标准

新的课程标准应明确规定以积累记诵为教学目标，并制订达成这个目标的一系列措施，目标措施还要分解到各个学段、各个年级。

(2) 重新编写教材

新的教材要有利于积累——有利于积累语言，有利于积累知识，有利于积累思想，还要有利于记诵。

(3) 更新教学方法

不能再以分析为主要的教学方法，附着在分析上的一些具体的方法，如讲解、问答、讨论等，也都不可能是教学方法的“主角”了。与此相反，与记诵有关的方法，将要堂而皇之地登场。

(4) 重建评价体系

什么样的课是好课？新的评价标准与现在的恐怕大不相同甚至截然

相反。现在网上流传的那些教案、教学设计乃至特级教师的教学录像，恐怕十有八九是不合乎要求的。还有，考试怎么办？考什么？怎么考？这些问题都需要进一步研究。

（5）重建教师继续教育体系

《备课新动向》《怎样上好课的秘诀》等，至少，就语文学科而言，这类书恐怕不能再登上大雅之堂了。那么教什么呢？怎么教呢？对这类问题，应该考虑通过重建教师继续教育体系来解决，使教师转变观念，使教育改弦更张。

2. 更新有关语文教育的观念

（1）树立以积累记诵为本的观念

树立语文教育，至少是小学语文教育，以积累记诵为本的观念，这是极难的，甚至是不可能的。

近百年来，以理解分析为本的语文教育理念已经深深地扎根于各位教师、教育专家、教育行政部门的领导、学生家长的头脑乃至整个社会的观念中，而且成为支配人们行为的隐性观念。在人们的眼里，语文从来就是这么教的，语文就应该这么教。

现在说这套模式不行，要另起炉灶，构建、维护这种模式的语文教育专家会同意吗？编写教材的学者会同意吗？执行课程标准，使用现行教材，运用分析方法，解读文本进行教学的教师会同意吗？同样是以课程标准为依据来指导、评价教师教学的教研部门会同意吗？

但是，观念必须更新，以积累记诵为本必须取代以理解分析为本的观念。否则，重建就是一句空话。

（2）明确语文教育的一些有关概念

有一些在现当代的语文教育中没有明确过，但又应该明确的概念，应该明确。

① 语文与语文教学。

新课标中说："工具性与人文性的统一，是语文课程的基本特点。"

因此，新课标要求，在语文教学中，要“重视语文课程对学生思想情感所起的熏陶感染作用，注意课程内容的价值取向，要继承和发扬中华优秀文化传统和革命传统，体现社会主义核心价值体系的引领作用，突出中国特色社会主义共同理想，弘扬以爱国主义为核心的民族精神和以改革创新为核心的时代精神，树立社会主义荣辱观，培养良好思想道德风尚，同时也要尊重学生在语文学习过程中的独特体验”。

而在第二部分“课程目标与内容”中，新课标要求除了知识与能力、过程与方法外，还要从情感态度与价值观方面设计教学目标。

我认为，这是混淆了语文与语文教学的区别，这种混淆是导致语文教学“发胖”的重要原因之一。

语文与语文教学是不一样的。

作为一门学科，语文的确与“培养爱国主义、集体主义、社会主义思想道德和健康的审美情趣……”等有关。但语文教育的目标就是培养学生的运用语言文字的能力，不能把与语文有关的内容，都加在语文教育上，至少，不能与培养语言能力并列。

也就是说，语文教学必须以工具性为主，人文性要寓于工具性之中。

1941年，蒋伯潜在《中学国文教学法》中明确地提出，语文教育有正目的、副目的，正目的是对于国文能运用、能了解且能欣赏，副目的就是关于思想品德情操方面的。

语文教学以工具性为主，以积累记诵为本，不等于教学中没有人文教育。学生在积累记诵的过程中，自然地理解了课文内容后，也就受到了人文教育，甚至，会受到比理解分析更好的人文教育。

叶圣陶曾讲过一个故事：曾有一篇课文叫《粮食》，讲志愿军为抢救一批粮食牺牲了的故事。学生拿到课本自己看时，哭了。但教师上课介绍背景，分析内容，分析完了，学生的眼泪也没了。

这是20世纪50年代的课例。用今天的观点看，学生看课本流了眼泪，就是受到了人文教育——思想品德情感审美尽在泪水中；教师通过理解分析进行人文教育，结果把学生的眼泪分析没了，请问这种教学的人文教育在哪里？

② 阅读与阅读教学。

新课标说，“阅读是运用语言文字获取信息、认识世界、发展思维、获得审美体验的重要途径”。即阅读就是解读文本，就是对文本进行理解分析，这说得没有错。

但新课标又规定，“阅读教学是学生、教师、教科书编者、文本之间对话的过程”。即阅读教学就是教师带领学生一起解读文本，这却错了。

高中的语文教学或许如此，但就小学而言，阅读教学并不是解读文本，不是对文本进行理解分析，而是积累。

现在不是提倡“用教材教”，不要“教教材吗”？在小学，理解分析文本就是“教教材”，积累记诵才是“用教材教”。

如前所述，积累记诵与理解分析是一对矛盾，如冰炭之不能同炉，鱼与熊掌之不能兼得。以理解分析为主就不能大量地积累记诵，以积累记诵为主就不能详尽地理解分析。

现在已有一些教师在小学语文教学中以积累记诵为主了，他们无一例外地舍弃了对文本的理解分析。

韩兴娥老师一直坚持着“海量阅读”的小学语文教学改革。

在小学低年级阶段，韩兴娥的学生轻松地通读了本年级的人教版教材、辽宁韵语教材、修订前三四年级的人教版教材以及学校图书室里的《阅读文选》《拼音报》等。课堂阅读量达五十万字，相当于一般小学同年级学生阅读量的十多倍。

进入小学中年级之后，韩兴娥老师以两个多星期一本教材的高速度教完了五六年级的语文教材。小学语文教材全部学完后，其余的课堂时间就将教学重点转移到对课本以外作品的大量阅读上。于是，每一学期每个学生阅读一百万字的大量阅读便在课堂之上拉开了帷幕。

别的学校学一套教材的时间，韩兴娥的学生要学四套教材。两个多星期学完一本教材，能进行“学生、教师、教科书编者、文本之间对话”即深入的理解分析吗？

所以，韩兴娥的教学经验有两条最重要：一是删繁就简，删除没有多大价值的知识点和教学环节；二是不求甚解，很少讲解词语的意思，也不去深入分析文章的微言大义，而是让学生在阅读中自己去感悟。

这种做法的效果怎么样呢？韩老师说，海量阅读使学生出口成章、下笔成文。可见，效果极好。

石皇冠老师则进行了“模仿·尝试”的教学改革，即从模仿开始进行切分语义的训练，也就是说，训练学生正确地停顿、流利地朗读。

他认为，如果学生能够正确地切分语义了，也就基本上理解了文本的内容了。到了三年级，学生对白话文的学习基本结束，四年级开始学习文言文，到学生毕业时，他们已经阅读了《史记》《汉书》《资治通鉴》等历史典籍的大量篇章。

这样做的效果怎么样呢？也很好。像《匈奴传》这样高难度的文言文，学生都能当堂基本正确地切分语义，转述文章的大意，使在场的专家、教师惊叹不已。

③ 写作与写作教学。

写作与写作教学也不是一回事。写作是从观察开始，写作教学是从阅读（模仿）开始。从观察开始是培养作家，从阅读（模仿）开始是训练学生运用语言的能力。

韩兴娥老师说，海量阅读使她的学生出口成章、下笔成文，可见，这些学生的写作能力是来自于阅读（模仿）而非观察。

丛智芳在《日子的琐屑》一文中，讲述了她如何改变了一个叫王骜的学生的人生轨迹。

王骜转到我班时，他的母亲朱建梅老师悄悄对我说，他不会写日记……我推荐学生读书，不时地问一问他们在读什么书，当然也问他。他不爱读书，开始总告诉我还没读完。我没说什么。过一段时间，再问大家同样的问题。我只传达一个信息：老师很关注你们的读书情况。后来，他的日记写得有文采了，作文很棒了。在日记中，他说："一二年级时，我总为日记发愁，总是说：'写什么呢？写什么呢？'日记是我最大的烦恼。三年级以后，丛老师鼓励我们跟好书交朋友，我再也不怕写日记了。我的想法像大海的潮水一样一下子涌上了岸。我最喜欢写的就是日记了。"在作文《我的老师》中，他说，"丛老师不知有什么魔法，让我爱上了写作文"。

从丛老师的介绍看，这个"魔法"，恐怕就是读书，而非观察。

新课标中说："在写作教学中，应注重培养学生观察、思考、表达和创造的能力。"在各个学段的写作要求中，都强调观察。毛继东的"作文三步法"，第一步就是先建立感觉系统而非词汇系统，与此相应的训练阶段，第一阶段是训练感知能力（感知物、感知人、感知事）。

这都是在培养作家，而不是训练学生运用语言；是让学生创作，而不是进行写作练习即写作教学。

从模仿开始，以训练学生运用语言能力为目标的写作教学是什么样子的？

蒋仲仁在《学文杂忆》中，谈到他 1916 年进入贵阳的一所好学校——模范小学学习作文的情形。

作文全是仿作，没有什么观察调查，什么记一个人、记一件事这些进步的方法。作文全用文言，不准用白话，连标点符号也不用。读的全是文言嘛，把读过的文言词句搬一些来就是作文。写山就"峰回路转，蔚然深秀"，写水就"清风徐来，水波不兴"，写树就"林木蓊翳"，写花就"万紫千红"。感谢古人，为我们早就写好那么多范文，无论写什么都有那么些词语，现现成成的，搬来写上就是。即使是写实际生活的，比如春日郊游，先生出题《游栖霞山记》，也用现成的话来写，"栖霞山，贵阳之名胜也。出东门，约二里许，抵山麓，拾级而登……"又是"许"，又是"麓"，又是"拾级而登"，先生很夸奖，说是"词汇丰富"。

比较多的是写议论文……科举的八股是不写了，可要写"四股"：

起、承、转、合。先生出道题目《勤学说》，大约是这么做的："人生于世，必须求学"这样一"起"；接着就"生也有涯，知也无涯，苟非孜孜以求，则广博之知识何以得之?"这是"承"；"虽然，固亦学矣，学而不勤，则将无所进益"，这是"转"；"由此观之，为学之道，首贵乎勤。语云：业精于勤荒于嬉，其斯之谓乎?"这是"合"。这只是个架子，当中还要充实修饰：或者譬喻，"譬之为山""功亏一篑"；或者引证，"古人为学，夜以继日"——能写出"焚膏继晷"，更了不起……

这才是正宗的写作教学：训练学生模仿、运用在阅读中积累的语言材料和语言模式，包括句子和篇章。可是，却被我们的前辈轻率地否定了，说这是八股。

否定这种写作教学的不仅是蒋仲仁，还有叶圣陶。

叶圣陶在《写作什么》中说："开始作文称为'开笔'……不是《温故而知新说》就是《汉高祖论》之类。新呀故呀翻来覆去缠一阵就算完了篇；随便抓住汉高祖的一件事情，把他恭维一顿，或者唾骂一顿，也就算完了篇。这些材料大部分不是自己的经验，无非仿效别人的腔调，堆砌一些毫不相干的意思，说得坏一点，简直是鹦鹉学舌，文字游戏。从这条路发展下去，这就来了专门拼凑典故的文章，无病呻吟的诗词。"

他在《论写作教学》中又说，他八九岁的时候在书房"开笔"，这第一篇文章就是用文言写的。教师出的题目是《登高自卑说》，并提示，这要说到"为学"方面去。"我依他吩咐，写了八十多字，末了说：'登高尚尔，而况于学乎?'就在'尔'字'乎'字旁博得了两个双圈。"

一个才八九岁的孩子，就能用文言写作且能写出这样的句子，博得"双圈"，比之今日念了大学写白话文还写不好的学生，不是充分证明了传统语文教育的成功吗?

但令人百思不得其解的是，叶圣陶对此是持否定态度的。他非但不认为这是语文教育的成功，反而认为是失败。他说："登高自卑本没什么说的，偏要你说；单说登高自卑不行，你一定要说到为学方面才合适：这就是八股的精神。”

如果说这就是“八股的精神”，这种精神恐怕恰恰是写作训练所需要的吧？

“没什么说的”——这正是不会作文的人的通感。作文训练的目的，正是要学生从没什么说的到有什么说的，从不会作文到会作文。

“偏要你说”——这正是命题作文的特点。正如叶圣陶自己在《文章例话》中所指出的：“学校里有作文的科目。学生本来不想写什么文章，老师给出了个题目，学生就得提起笔来写文章。这并没有不得不写的缘故，似乎近于笔墨游戏，无所为的胡作非为。但是要知道，学校里作文为的是练习写作，练习就不得不找些题目来写，好比算术课为练习计算，必须做些应用题目一样。”

“单说登高自卑不行”——当然不行。作文就是要通过由此及彼、由表及里的联想来完成。“单说”，就意味着不会联想，也意味着不会写作，至少，意味着写作的水平不是太高。宋代王安石游褒禅山，曾巩游玉山，都因游者不想前行，而未能穷尽山洞。王安石写《游褒禅山记》，由游山联想到治学，辨证地提出了“物”“志”“力”的关系，成为千古名篇；曾巩写《游倍州玉山小岩记》，却只是“单说”遗憾于“遗泉石之胜”，文章就寂然无闻。

“一定要说到为学方面”——这是对“登高自卑”一文的联想方向进行了指导。正是由于教师的指导，当时才八九岁的叶圣陶才从无话可说到有话可说，写了八十多字，还得了“双圈”。

这充分证明了，借事说理，“单说××不行，要说到××方面”，是一种有效的文章模式。

其实，八股文就是古人写作教学的作业。张中行说：“八股是不登大雅之堂的一种文体，就是昔日，也几乎是绝大多数人看不起。也是几乎，编书目，编文集，都不收。”这恰恰证明，古人是把写作与写作教学区分开的——写作教学只是通过模仿训练学生运用语言的能力，并不指望这写作训练的作业能流传千古。倒是我们现代人，孩子刚会拿笔就心心念念希望他能写出传世佳作。

3. 用补充教材的做法过渡

虽然以积累记诵为本的小学语文教学模式是小学语文浴火重生的唯一出路，但重建小学语文教育体系仍不是短期内能实现的事，甚至可能是不能实现的。那么应该怎么做呢？

民国时期的教育家俞子夷在《关于小学教科书的几点小意见》一文中曾说："我曾经看见过某小学一年级的教员，很热心很努力地教，到了五月上旬已经把第二册国语教科书教完，并且学生个个读得烂熟。我还看见他们全班学生把一本教科书从头到末一起读讲背，完全没有错误，二十分钟已经了结，我那时很为这教员担忧，到七月上旬放暑假还有两个月工夫，不知用什么材料来应付。"

因此他建议要有补充教材。

他的这个建议在今日仍有积极的意义，很值得我们借鉴：可以不打破现有的体系，仍然执行现有的课程标准，仍然使用现有的教材，只是不再进行详尽的理解分析，尽快地结束对教材的学习，而转入对补充教材的学习。

韩兴娥老师就是这么做的，如前所说，进入小学中年级之后，韩老师以两个多星期一本教材的高速度教完了五六年级的语文教材，其余的课堂时间就将教学重点转移到对课本以外作品的大量阅读上。

石皇冠老师的做法则是，三年级以前用孙敬修讲的故事做教材，四年级以后用《史记》等历史典籍做教材，而将人教版的教材作为课外阅读读物。

如果能够做到这些的话，即使不能实现母语教育的全面振兴，也总算能留下振兴的火种。

后　记

本书的内容是我对语文教育的反思。

寻根是人类的天性，所谓反思，即寻根。作为语文教师，我要追寻的，是语文之根，是语文教育之根——语文是什么？学习语文是为了什么？语文究竟应该学什么？应该怎么学？应该怎么教？

我对语文教育进行反思，是从20世纪末开始的，截至2013年，我发表的对语文教育进行反思的论文共有二十余篇。

在反思过程中，我一边研究传统，一边观照现实。随着反思的持续进行，我的反思也逐渐系统、深入。我终于认识到，语文教育应以积累记诵为本，而现当代的语文教育却以理解分析为本，这是违反语文学习规律的。至少，小学语文教育如此。现当代的语文教育效率低下，根本原因不在教师，而在教育模式。

我教了一辈子语文，反思了一辈子，退休时才知道，也终于知道，语文应该怎么教了。我不知道这是该哭，还是该笑。

本书引用得多了一些，这是没办法的事——要批判现行的语文教育模式，就必须使自己的每个观点都有据可查。

这么重大的题目本不是我这样的普通教师能胜任的，但它毕竟是我一生教育实践的感悟，骨鲠在喉，不吐不快。因此，我期待大家批评指正。

另外，本书得以出版也有赖诸位同人的帮助，亦在此一并致谢！

王　从

2014年5月2日

江苏凤凰教育出版社
《行知工程》系列丛书目录

系列	序号	书　　名	主编	定价
教育新思考系列	1	《语文教育向何处去》	王　丛	26.00
	2	《教育，就是做好普通的事》	孙志毅	27.00
	3	《走出语文的偏见——让学生体悟文本的原义》	丛智芳	30.00
	4	《让语文教学更高效——批注式阅读教学探索》	韩中凌	30.00
	5	《读写互促——探寻学以致用的语文教学》	曹　龙	30.00
	6	《跳出数学教数学——用文化融通数学教学》	马建秀	27.00
学生心理解码系列	7	《孩子问题行为一点通 ——只有好老师才知道的学生心理谜底》	严育洪	30.00
教师必读系列	8	《教师必学的16堂修养课》	武宏伟	30.00
	9	《教师不可不知的教学心理效应》	叶勇军	30.00
	10	《班主任不可不知的管理效应》	奚一琴	30.00
	11	《教师不可不知的教育心理效应》	孙　媛	30.00
	12	《校长不可不知的管理效应》	谢申刚　张金豹	30.00
	13	《成为好教师的7项修炼》	王福强　李维华	30.00
	14	《如何让学生会学习》	龙　冰	30.00
	15	《如何让学生爱学习》	周震宇　许小燕	30.00
名师感悟系列	16	《让心灵伴着歌声成长——22位音乐名师的教育智慧》	陈　璞	30.00
	17	《超越自我的教师——32位名师的成长感悟》	李卫东　李秀伟	35.00
	18	《心灵的守护者——19位名班主任的教育智慧》	王晓松　曲文弘	30.00
	19	《名师感悟班主任有效工作艺术90例》	符礼科	30.00
	20	《名师感悟有效教学90例》	林高明　徐玉烟	30.00
教育探索者系列	21	《让个性绽放精彩——学校课程体系整合与创生》	谢建伟　徐淑萍	30.00
	22	《让每个学生都幸福——最能润泽生命的学校文化建设》	谢建伟　张新喜	30.00
教育家核心思想系列	23	《多元智能理论的本土化应用》	刘治富	30.00
	24	《大教育家最具施教力的教学思想》	白刚勋	30.00

系列	序号	书名	主编	定价
创新教学探索系列	25	《粘连作文教学：让习作成为有个性的自我建构》	黄瑞夷	30.00
	26	《备学式教学——在体验中建构数学思维》	单广红　范雪梅	30.00
	27	《向着自主进发——自主教育的创新实施智慧》	朱亚红	30.00
	28	《写中学——让学习更有效的学科写作教学》	钟传祎	30.00
	29	《小学科学实验总动员——大科学课堂有效提升学生创新力》	江美华	30.00
	30	《小学语文单元整体课程实施与评价》	李怀源	30.00
	31	《小学英语单元整体课程实施与评价》	李怀源	30.00
	32	《小学数学单元整体课程实施与评价》	李怀源	30.00
教育管理力系列	33	《“走”出教育的精彩：走动式学校管理文化构建》	罗　军	30.00
	34	《校长兵法：学校管理四十六计》	皮大鹏	30.00
核心教学主张系列	35	《新生代语文名师核心教学主张》	许友兰	30.00
行思讲坛系列	36	《师爱无疆——润泽学生心灵的教育故事》	侯忠彦	30.00
	37	《怎样反思更有效——促进教师专业发展的反思策略》	诸贝贝	30.00
	38	《成为高度自觉的教育者——写给后课标时代的数学教师》	许卫兵	30.00
	39	《哲思数学课》	刘全祥	30.00
	40	《把学生教聪明》	严育洪	30.00
	41	《教师最应该规避的教育误区》	杨坤道	30.00
	42	《用语文的方式教语文——潘文彬教学主张与实践智慧》	潘文彬	30.00
	43	《跨越式实现高效课堂——信息技术与课程整合高效教学方案评析》	陈　玲　刘　禹	30.00
	44	《怎样让阅读教学更有效——提升教学能力的十种读诵模式》	汪秀梅	28.00
	45	《让生命在润泽中起舞——当代小学生最需要的主题班会》	吴联星　罗　琳　冯卫东	30.00
	46	《让生命欢快拔节——当代中学生最需要的主题班会》	冯卫东　吴联星	30.00
	47	《课堂因生成而精彩——高效教学的生成智慧》	张文质	30.00
	48	《回到每一个人的生命化教育——张文质二甲中学教育行动录》	张文质	30.00
	49	《智慧数学课——黄爱华教学思维的实践策略》	黄爱华	30.00
高效能教学系列	50	《让作文落地生根——提高写作实效的教学策略》	黄桂林	30.00
	51	《高效能作文教学 5 项修炼》	陈步华	30.00
	52	《高效能校长的 10 个好习惯》	张　勤	30.00
	53	《高效能教师的 10 个好习惯》	谢　英	30.00
	54	《高效能语文教学 5 项修炼》	王其华	30.00

系列	序号	书　　名	主编	定价
教育求索系列	55	《思政教学的人文力量》	戴晓华	30.00
	56	《师道新说——给教育者的30条箴言》	徐　卫	30.00
中国教育变革之路丛书	57	《百年树人师何为——教师队伍建设困顿与出路》	将丽珠　李玉向	30.00
	58	《入园何时不再难——学前教育困惑与抉择》	曾晓东 范　昕　周　慧	30.00
	59	《三尺书桌何处寻——流动人口子女教育困难与破解》	范先佐	30.00
	60	《苦旅何以得纾解——高考改革困境与突破》	郑若玲	30.00
	61	《择校纠结何时了——择校问题困局与治理》	曾晓东　周文海 曾娅琴	30.00
创新教学思想系列	62	《"大问题"教学的形与神》	黄爱华　张文质	30.00
校长领导力系列	63	《高品质学校生长要素》	王益民	30.00
	64	《校长高校教学领导力提升策略》	徐世贵　郭文智	30.00
教育漫笔系列	65	《课堂，诗意地栖居》	吴书华	30.00
新思维系列	66	《教育中的"不一定"——打破教育的19种思维惯式》	严育洪	30.00
教学全手册系列	67	《小学习作教学全手册》	郭家海	30.00
	68	《中学写作教学全手册》	郭家海	30.00
	69	《情境教学操作全手册》	冯卫东	35.00
	70	《合作教学操作全手册》	李春华	35.00
	71	《探究教学操作全手册》	周新桂	35.00
	72	《自主教学操作全手册》	诸葛彪	35.00
	73	《创新教学操作全手册》	王　玮	35.00
	74	《班主任工作全手册》	刘沛华	35.00
	75	《新教师工作全手册》	周震宇	35.00
	76	《学生心里健康教育全手册》	刘海莉　刘春杰	35.00
	77	《高效教学操作全手册》	马友平	35.00
校本研修系列	78	《特色校本课程开发范例解读》	刘永平　李秀伟 张雪梅	30.00
	79	《高效校本研修模型构建艺术》	刘素雁	30.00
	80	《走向实践的教研——中小学教育科研引领与应用》	江　敏	30.00

系列	序号	书　　名	主编	定价
教学提升系列	81	《有思想地教阅读——让学生学会品读文字真意》	王学东	30.00
教育艺术提升系列	82	《藏在师生体态语言里的教学智慧》	张　宇　廖生波	30.00
幼师成长系列	83	《幼儿行为背后——教师如何读懂幼儿的心思》	吴亚英	30.00
	84	《最具教育力的22种幼儿教育思想》	杨　达	30.00
	85	《幼儿教师必知的安全应急措施》	杨　达	30.00
	86	《幼儿教师必备的教育技能》	李　玲	30.00
	87	《卓越园长21条幼儿园管理策略》	周　丹　江东秋	30.00
创新人才培养系列	88	《创新人才培养校园科普精品课程开发与指导——人大附中创新人才培养》	罗　滨	30.00
	89	《创新人才培养特色校本课程开发与创新人才培养——清华附中“国际安全下的科学技术”课程构建与实施》	王殿军　方　研　赵宏雁	30.00
	90	《创新人才培养：学校实验室建设与管理》	刘克文　杨发丽　杨　平	30.00
	91	《创新人才培养：数学探究活动开发与指导》	马云朋　韩继伟	30.00
	92	《创新人才培养：化学研究活动开发与指导》	王　磊	30.00
	93	《创新人才培养：物理探究活动开发与指导》	廖伯琴	30.00
	94	《创新人才培养：地理探究活动开发与指导》	张建珍　陈　澄	30.00
	95	《创新人才培养：生物探究活动开发与指导》	张迎春	30.00
	96	《创新人才培养：理念探索与思维突破》	王晶莹	30.00
教育思想者系列	97	《教育，一切从孩子出发》	黄　俭	30.00
新生代通派名师系列	98	《简约数学教学》	许卫兵	30.00
	99	《语文教学的本真——情意课堂展现母语之美》	吴建英	30.00
	100	《语文课堂的理想追求——欢快达成三维目标》	董一红	30.00
	101	《阅读教学的真髓——意象构建读出文学的真美》	祝　禧	30.00
	102	《美术教育的真谛——审美人生教育让生命绚丽成长》	陈铁梅	30.00
	103	《语文教学的理想境界——无痕教学润泽生命》	李　凤	30.00
	104	《儿童作文的本义——嬉乐作文让儿童乐并成长着》	王笑梅	30.00
	105	《名师是怎样炼成的》	王建明　王笑君	35.00